纵横牌坛显风流

——打麻将超绝技巧

石巅 著

人民体育出版社

献 辞

　　我生性好玩，爱好广泛，休闲时，喜欢做各种有趣的活动。休闲生活给了我很多乐趣，使我的心情非常愉快。在人生的每个阶段，我都有一些伙伴。我的伙伴陪伴过我，给我带来了许多欢乐。休闲生活是我人生的重要组成部分，伙伴是我生命中不能缺少的人。希望我以后的休闲生活更加丰富多彩、更能愉悦身心，希望我以后有更多更好的伙伴。享受我快乐的休闲生活，感谢我可爱的伙伴，谨以此书：

献给我的休闲生活和伙伴！

前　言

　　打麻将游戏起源于我国古代，历史悠久，源远流长，是我国独创的一种牌类游戏。它从无到有、由简至繁，经历了一个漫长的过程。它产生的确切历史较难考证，据说，其起源最早可追溯至商朝武乙的宫廷游戏——博戏，之后，经过了多次发展变化，最终才形成了后来的打麻将游戏。唐朝时，出现了叶子戏；宋朝时，演化成了宣和牌；明朝时，演变成了马吊牌；清朝时，演进成了麻雀牌。清朝中叶，麻将基本定型，当时的麻雀牌已与今天的麻将牌很相似了。早期的麻将牌全是纸牌，清朝时产生了骨牌和竹牌。在长期的历史发展过程中，打麻将游戏从宫廷流传到了民间，逐渐成了大众游戏。

　　打麻将游戏具有内涵丰富、底蕴悠长的东方文化特征，体现了我们祖先高超的智慧，是中华民族珍贵的文化遗产。但是，在过去，由于麻将牌制作技术的局限和人们休闲时间的欠缺，打麻将游戏多为上层人物所玩乐，尚未普及到底层群众。20世纪80年代之后，材料科学技术的发展使立体硬质麻将牌的制作越来越容易、越来越美观，我国对打麻将游戏也越来越开放，再加上人们的休闲时间越来越多，打麻将游戏渐渐得到了普及。到20世纪末，打麻将游戏已经渗透到了我国社会的各个阶层，遍及于城市乡村，进入了千家万户，最终真正普及到了全社会，成了我国规模和影响最大的大众游戏。

　　在众多的大众游戏中，打麻将游戏为什么能够流传千百年而长盛不衰，一直深受着人们的普遍欢迎和喜爱，并最终在全社会范围内得到充分普及呢？我认为有两个原因。一是，打麻将游戏的原理简单，易学易懂，入门极其容易，人们可以即学即会，而且，水平不是很高的人甚至新手也常常会因为运气好而获胜，因此，很多人对它都有兴趣甚至一直保持着浓厚的兴趣，这使它的群众基础非常广泛。二是，打麻将时，影响牌情的因素极多，需要牌手掌握非常全面而又十分高深的复杂技巧，而且，水平很高的人甚至顶尖高手也常常会因为运气差而失败，因此，很多人对它都有研究甚至一直保持着深入的研究，这使它广泛的群众基础得到了牢牢的稳固。其结果就是，打麻将游戏无论是对新手还是老手，无论是对低手还是高手，都具有非常强大的吸引力，会打麻将、爱打麻将、常打麻将的人数以亿万计。

与其他大众游戏相比，打麻将非常独特。打麻将时，人们要不断观察思考，运筹谋划，因此，它具有鲜明的益智性。打麻将时，存在大量无法控制且不确定的因素，这些因素会对牌情产生重大影响直至决定一盘的胜负，因此，它具有显著的博弈性。打麻将时，随机事件一直伴随着行牌过程，常常会发生意料之外的事情，甚至会频繁出现弄巧成拙、歪打正着的现象，因此，它具有巨大的趣味性。打麻将时，牌情的起伏变化往往很大，好牌有可能因为进牌缓慢、不当而落败，差牌有可能因为进牌迅速、恰当而制胜，甚至经常会上演缘利获害、因灾受益的故事，因此，它具有强烈的戏剧性。由于打麻将游戏具有突出的益智性、博弈性、趣味性、戏剧性等特点，因此，我们可以说，打麻将是一种充满智趣的游戏。打麻将游戏的特点决定了它不但具有消遣解闷、休闲娱乐、交友联谊的作用，而且，它还能开发人们的智力，培养人们的意志，陶冶人们的情操，能够使人们的综合能力得到锻炼和提高。

不少人认为，打麻将时的运气比技巧重要，我们常常能听到人们这样评说打麻将时运气与技巧的地位："三分本事，七分运气。"事实是否真的如此？我们到底应该怎样看待运气与技巧的地位？打麻将时，不可控制但影响牌情的随机事件非常多，既有牌的因素，也有人的因素。牌的因素主要体现在牌墙中各种牌所处的位置，人的因素主要体现在牌手无针对性的决策上。这些随机事件对牌手是否有利就形成了运气。所以，打麻将时确实存在运气的因素，运气不但时时影响牌情，而且影响重大，甚至可以说，运气经常对输赢起着决定性的重大作用。对此，我们不可否认，不能小视。但是，运气的好坏是随机的，对每一位牌手来说，在较短的时间内，运气有可能一直偏好或偏坏；在较长的时间内，运气不可能一直总好或总坏，必定是既有好运气，又有坏运气；尤其从长期看，一个人运气的好坏基本上是可以抵消的。所以，虽然打麻将时有运气的因素，但是，运气只可能在短时间内影响甚至决定牌手的成绩，而不可能在长时间内影响、更不可能决定牌手的成绩。我们对运气有了正确而深刻的认识，就会发现，打麻将游戏其实是一门精密、深奥、复杂的学问，我们必须以科学的态度对待它，在打麻将时，不能靠运气，而要凭技巧。实战中，水平高的人牌技精深、全面，常常会出现高手因为技高一筹而赢了某盘、得了高分的情况；水平低的人牌技粗浅、偏面，往往会出现低手因为技不如人而输了某盘、失了高分的情况。所以，技巧对输赢的影响才是至关重要的、决定性的。而且，技巧和运气有两点重大区别。第一，运气的影响是偶然的，技巧的影响是必然的。由于运气因素的存在，虽然水平低的人也有赢牌甚至大获全胜的时候，但他输牌的概率比较大，总成绩必然很差；虽然水平高的人也有输牌甚至一败涂地的时候，但他赢牌的概率比较大，总成绩必然很好。第二，运气是消极被动的，技巧是积极主动的。水平高的牌手在牌运较差时，能够运用技巧，避开困难，全力克服差运气，尽可能地减少失分，把失败缩小到最小程度，最后即使落败，常常也不会输太多；在牌运较好时，能够运用技巧，抓住机遇，充分利用好运气，尽可能地增加得分，把胜利扩大到最大程度，最后不但获胜，往往还能够赢很多。总之，打麻将时，技巧比运气重要得多，运气只是影响输赢的重要因素，技巧才是决定输赢的根本因素。从长期看，牌手的总成绩最终是由自己牌技水平的高低决定的，可以说与运气几乎没有关系。

玩麻将游戏时，虽然由于运气的存在，任何牌手都不可能做到百战百胜，但是，牌技精通、水平高超的人能够充分发挥技巧的重大作用，可以做到经常赢而很少输。他们在打麻将时能够高瞻远瞩、审时度势、巧妙谋划、精心运筹。他们在战略上进退适宜，在战术上取舍得当；他们进攻时迅速，防守时严密；他们的打法老谋深算、无懈可击，招数神出鬼没、神鬼莫测。其结果是：在牌运差时，他们常常能化险为夷、反败为胜；在牌运好时，他们往往会稳操胜券、大获全胜。在风云变幻、云谲波诡的牌场上，我们常见怀有超绝技巧的高手在打牌时会显得神机妙算、挥洒自如、游刃有余，当他们的水平发挥得很好时，甚至能达到炉火纯青、出神入化、登峰造极的境界。所以，打麻将的技巧非常重要，凡是想玩好打麻将游戏的人，不能不重视打麻将的技巧。

我老家在陕西关中农村，20世纪80年代，我们村子里有一些人开始打麻将，但当时大多都还处于秘密状态。到80年代末，我们村打麻将慢慢变得公开化了。90年代初，正是我们村打麻将的普及阶段，尤其是冬天农闲时，打麻将的人很多。1991年春节前后，正在上高中三年级的我在家里过寒假，由于我一直喜欢玩耍，因此，这个寒假，我在村子里打麻将就成了自然而然的事情，我正式学会并开始玩打麻将游戏就是从那时候开始的。刚学会打麻将，我就喜欢上了它，多年以来，我常玩这种游戏。在玩牌的过程中，我有不少心得体会，后来产生了把打麻将的技巧系统总结、写成一本书的想法。但是，由于打麻将技巧涉及的因素过多，各地的打法不同甚至差异很大，要写成一本很好的打麻将技巧著作并不容易；而且，打麻将的书古已有之，这也使我觉得写出来的意义小了一些，因此，在较长的时间内，我并没有动手正式写作。但是，我毕竟喜欢打麻将，又有很多心得体会，其中一些心得体会还是非常独到的。而且，虽然打麻将时需要考虑的问题极多，各地众多的玩法也很不统一，我不可能穷尽所有的技巧，但是，打麻将的基本技巧是相同的，不同打法所要求的专门技巧的道理也是相通的。所以，我想，如果能写出一本全面、系统、科学、精深的打麻将技巧著作，还是非常有意义的。2009年冬，我正式开始写这本书。经过一年多的写作、修改，如今，我觉得这本书稿的体系比较完整、内容比较实用，可以成形初版了。但是，玩打麻将游戏只是我的业余爱好，它对技巧的要求又非常复杂，我对它的研究还比较粗浅，因此，书中肯定还存在不少问题。并且，由于我写作水平有限，许多地方写得还不是很好。对于书中的错误和不当之处，我诚恳地请各位读者和牌坛高手不吝指教，来信请发电子邮件至 sd822@163.com 或 sd822@sina.com。您的任何批评、指正、建议、讲授都是对我的帮助，我不胜感激！

著　者

2011 年 5 月

目 录

第一章 游戏规则 …………………………… （1）

  第一节 麻将牌具 ……………………… （2）

    一、全部麻将牌 ……………………… （2）

    二、相关辅助物 ……………………… （5）

  第二节 基本规则 ……………………… （7）

    一、如何和牌 ………………………… （7）

    二、计分方法 ………………………… （11）

    三、坐位做庄 ………………………… （14）

    四、打牌过程 ………………………… （19）

  第三节 附加规定 ……………………… （35）

    一、分值 ……………………………… （37）

    二、杠牌 ……………………………… （39）

    三、行牌 ……………………………… （40）

    四、计番 ……………………………… （43）

    五、带混 ……………………………… （46）

    六、缀子 ……………………………… （47）

第二章 应敌方略 …………………………… （50）

  第一节 如何应对位置关系不同的人

    ………………………………………… （50）

一、我与不同位置敌人的关系 ………… （50）
二、应对不同位置敌人的策略 ………… （52）
第二节 如何应对得分大小不同的人 ……… （55）
一、输给不同得分敌人的损失 ………… （56）
二、应对不同得分敌人的策略 ………… （56）
第三节 如何应对谨慎程度不同的人 ……… （58）
一、分析牌手谨慎程度对牌局的影响 ………………………………………… （58）
二、在敌不同谨慎程度下采取的打法 ………………………………………… （59）

第三章 基本常识 …………………………… （62）

第一节 识别单牌的价值 …………………… （62）
一、联络组牌能力 ……………………… （62）
二、供牌放炮可能 ……………………… （64）
三、处置各牌方法 ……………………… （66）
第二节 知晓数牌的关系 …………………… （69）
一、对称牌 ……………………………… （69）
二、筋线牌 ……………………………… （70）
三、单双牌 ……………………………… （71）
第三节 分清坏子的优劣 …………………… （72）
一、简单坏子 …………………………… （72）
二、复杂坏子 …………………………… （74）
三、模单组合 …………………………… （75）
四、模坏组合 …………………………… （77）
第四节 明白牌姿的好坏 …………………… （78）
一、先看入听的级别高低 ……………… （78）

二、再看进张的难易程度 …………………（79）
三、后看牌面的变化余地 …………………（83）

第四章　听牌技巧 ………………………………（84）

第一节　听牌应该坚持的原则 ……………（84）
一、尽早听 …………………………………（84）
二、待张多 …………………………………（85）
三、敌易舍 …………………………………（85）
四、能改良 …………………………………（86）

第二节　选择优良听姿的策略 ……………（87）
一、选听 ……………………………………（87）
二、改听 ……………………………………（96）
三、退听 ……………………………………（111）

第五章　组牌技巧 ………………………………（114）

第一节　手牌进攻时的组牌原则 …………（114）
一、快 ………………………………………（115）
二、宽 ………………………………………（116）
三、易 ………………………………………（117）
四、变 ………………………………………（118）

第二节　组坯不够时的靠牌方法 …………（120）
一、靠牌的原则 ……………………………（120）
二、靠牌的技巧 ……………………………（125）

第三节　组坯多余时的拆牌诀窍 …………（134）
一、拆牌的原则 ……………………………（134）
二、拆牌的技巧 ……………………………（146）

第四节　组坯不佳时的改牌要领 …………… (162)
　　一、入听级别不退 ………………………… (162)
　　二、亏牌数量较少 ………………………… (163)
　　三、改后前途很大 ………………………… (164)

第六章　要牌技巧 …………………………… (165)

第一节　吃 ……………………………………… (166)
　　一、吃牌的基本原则 ……………………… (166)
　　二、吃牌的特殊技巧 ……………………… (169)
第二节　碰 ……………………………………… (171)
　　一、碰牌的基本原则 ……………………… (172)
　　二、碰牌的特殊技巧 ……………………… (179)
第三节　杠 ……………………………………… (182)
　　一、杠牌的基本原则 ……………………… (182)
　　二、杠牌的特殊技巧 ……………………… (190)

第七章　谋牌技巧 …………………………… (193)

第一节　诱敌深入——诱牌技巧 ……………… (193)
　　一、诱牌的原理 …………………………… (193)
　　二、诱牌的要领 …………………………… (194)
第二节　抛砖引玉——勾牌技巧 ……………… (199)
　　一、勾牌的原理 …………………………… (200)
　　二、勾牌的要领 …………………………… (201)
第三节　浪子回头——回牌技巧 ……………… (206)
　　一、回牌的原理 …………………………… (207)
　　二、回牌的要领 …………………………… (208)

第四节 逼上梁山——逼牌技巧 ……………… (211)
　　一、逼牌的原理 ………………………………… (211)
　　二、逼牌的要领 ………………………………… (213)

第八章　防炮技巧 …………………………………… (217)

第一节　防炮的原则 ……………………………… (219)
　　一、有重点 ……………………………………… (219)
　　二、分阶段 ……………………………………… (220)
　　三、不冒险 ……………………………………… (221)
　　四、更安全 ……………………………………… (222)
　　五、大范围 ……………………………………… (223)
　　六、尽可能 ……………………………………… (223)

第二节　防炮的打法 ……………………………… (226)
　　一、防炮的基本打法 …………………………… (226)
　　二、防炮的具体技巧 …………………………… (229)

第三节　防炮的谋划 ……………………………… (235)
　　一、早舍危险张，预留安全牌 ………………… (235)
　　二、牌面变化大，机动能力强 ………………… (237)
　　三、安全牌更多，盯牌能长远 ………………… (238)

第九章　控制技巧 …………………………………… (240)

第一节　善制敌人胜算多——控制理论 …………………………………………………… (240)
　　一、控制敌人的重大意义 ……………………… (241)
　　二、控制敌人的对象选择 ……………………… (242)
　　三、控制敌人的主要手段 ……………………… (243)
　　四、控制敌人的客观条件 ……………………… (243)

五、控制敌人的连锁反应 …………… (244)
六、控制敌人的代价付出 …………… (246)
七、控制敌人的效果局限 …………… (246)
八、控制敌人的主要原则 …………… (248)
第二节　敌眼望穿求不得——控制要牌
　　　………………………………… (250)
一、控制要牌的原则 ………………… (251)
二、控制要牌的打法 ………………… (253)
第三节　不让强敌多机会——控制揭牌
　　　………………………………… (261)
一、不让自己的下家多揭牌 ………… (262)
二、不让别人的下家多揭牌 ………… (263)

后记 ……………………………………… (265)

第一章 游戏规则

一般情况下，打麻将游戏是四个人玩。四个人各自成一方，其他三人皆是自己的对手。在每一盘游戏中，有一个"庄家"，三个"旁家"。如图1所示。

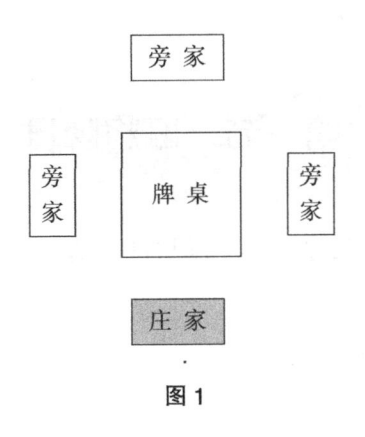

图1

在麻将的演变过程中，其打法在不断发展变化，逐渐完善。从理论上讲，由于打麻将时的牌种数量、牌型组合、坐位做庄、行牌规则、计分方法、奖惩措施等等都可以变化，因此，其打法可以非常多。事实上，麻将牌的玩法也确实是花样繁杂，多种多样。如今，形成了各地打法不同甚至差异很大，并且还有一地存在多种打法的状况。

虽然麻将的玩法非常多，但无论如何，其基本玩法或说各种玩法的基础是基本相同的，原理是大体一致的。

为了帮助初学的牌手全面掌握打麻将游戏的规则，也为了保持本书的系统完整，本章专门简介打麻将游戏的规则。

为照顾习惯和行文方便，本书中，在叙述麻将牌时按习惯说。在列举麻将牌时，牌群之间用标点隔开，牌群内不用标点。每一牌群，数牌先按顺序依次说出每张牌的点数，最后说门类；字牌按数量依次写上全称。在附牌面图时，已经形成的牌组且不影响牌情的模子和将牌用大写英文字母代替：顺子的三张牌用同一个字母及阿拉伯数字1、2、3表示，阿拉伯数字放在字母的右下角；将、坎和杠的几张牌用同一个字母表示，不加阿拉伯数字。

第一节 麻将牌具

玩打麻将游戏时，需要专门的麻将牌具。

一、全部麻将牌

麻将牌简称为"麻将"，又叫"麻雀牌"，简称为"雀牌"。每一副麻将全牌共有144张。麻将全牌可分为三大类。

（一）数 牌

数牌即序数牌。序数牌是麻将牌的主体。

麻将的序数牌分为饼子、条子、万子三门，每门数牌从一到九，各有9种，全部数牌共108张。

说序数牌时，门类也叫"花色"，简称为"色"，这一叫法多用在计番时。

数牌中的"一"通常也俗称为"幺"。比如，一万可以叫成幺万。甚至，在有的叫法中，长期形成的习惯就叫"幺"，叫"一"反而不顺口。比如，说"字幺九"时，一般不会说成"字一九"。

虽然数牌是麻将牌的主体，但是，如果在打牌时只用数牌，不用字牌，麻将牌的组合和打法变化就会减少许多，这样会使游戏中运气的因素过多，使技巧的因素过少。近年来，有的地方在打麻将时只用108张数牌，那样虽然能节省每盘游戏的时间，但却使打麻将的技巧性降低了很多，笔者强烈反对。

1. 饼子牌

饼子牌简称为"饼"，也叫"筒子牌"，简称为"筒"，共9种，即一饼、二饼、三饼、四饼、五饼、六饼、七饼、八饼、九饼。每种4张，共36张。

2. 条子牌

条子牌简称为"条"，也叫"索子牌"，简称为"索"，共9种，即一条、二条、三条、四条、五条、六条、七条、八条、九条。每种4张，共36张。

条子牌中，由于一条上面刻的图案是一只鸟，像小鸡一样，因此，人们习惯上常把一条叫"幺鸡"。

3. 万子牌

万子牌简称为"万"，共9种，即一万、二万、三万、四万、五万、六万、七万、八万、九万。每种 4 张，共 36 张。

(二) 字 牌

字牌即刻有单独汉字的牌，简称为"字"。白板上面不刻汉字，通常是刻一个大方框，但也算字牌。

字牌分为风、箭两门，风有 4 种，箭有 3 种，全部字牌共 28 张。

1. 风牌

风牌共 4 种，即东风、南风、西风、北风。每种 4 张，共 16 张。

风牌的牌面上刻的是单独汉字。每种风牌都可以简称为牌面上所刻的单字，即省略"风"字。例如：东风简称为"东"。

4 种风牌也叫"四喜牌"。

2. 箭牌

箭牌共 3 种，即红中、绿发、白板。每种 4 张，共 12 张。

箭牌中，红中和绿发的牌面上刻的是单独的汉字，白板上刻的是方框。红中牌面上，"中"字传统上涂的是红颜色，因此才叫"红中"，红中可以简称为"中"。绿发牌面上，"發"字传统上涂的是绿颜色，因此才叫"绿发"，绿发可以简称为"发"。通常，人们也把绿发叫"发财"。白板牌面上，方框在白底上像一张白颜色的板，因此才叫"白板"，白板可以简称为"板"。

3 种箭牌也叫"三元牌"。

(三) 花 牌

花牌即刻有花草图案的牌，简称为"花"。

花牌有8种，即春夏秋冬、梅兰菊竹，每种1张，共8张。

有的地方还用另外4种牌代替梅兰竹菊，比如财神、元宝、猫、鼠，或者佛、香炉、猫、鼠，还有福、禄、寿、禧等。

花牌在行牌时起不到组牌的作用，没有实质意义，在很多日常游戏中，人们大多不用花牌。现在保留花牌，主要是为了保持麻将的完整和特色，同时也能体现麻将发展的历史。

在打麻将时，人们把不用花牌的打法叫"素麻将"；把用花牌的打法叫"全麻将"或"全花麻将"。打素麻将时，只用数牌和字牌，共136张；打全麻将时，全牌是144张。

二、相关辅助物

打麻将时，除麻将牌外，还要用到其他一些辅助用具。其他用具中，最重要的是骰子、记分卡、记圈牌。举行正规比赛时，通常还需要用到另外一些相关的用具，比如记分表、计时钟。

（一）骰 子

骰子俗称"色子"，是用来取随机数字的工具，其外形是正方体，每面各刻有1至6个不同数量的凹点。

骰子是打麻将离不开的用具。一般情况下，打麻将时要用到两个骰子，而且，一般要两个一起用。

打麻将时，为公平起见，在选随机数字时，要掷骰子。"掷骰子"就是把骰子从手中掷出，也叫"掷色子"。掷出的动作也可以变成撒出或摇出，因此，也叫"撒骰子"、"撒色子"或"摇骰子"、"摇色子"。掷骰子的目的是为了确定一个随机数字。掷骰子后，两个骰子朝上一面显示的点数就是要用到的随机数字。

一般地，掷骰子用在确定位置、开牌、杠牌三种情况下。

确定位置时，骰子的点数与四家的位置关系是：掷出骰子的两个点数之和如果是5、9，就指示掷骰子人自己。人们通常说：五自手、九自手。掷出骰子的两个点数之和如果是2、6、10，就指示掷骰子人的下家。人们通常说：二顺、六顺、十顺。掷出骰子的两个点数之和如果是3、7、11，就指示掷骰子人的对家。人们通常说：三对门、七对门、十一对门。掷出骰子的两个点数之和如果是4、8、12，就指示掷骰子人的上家。人们通常说：四倒后、八倒后、十二倒后。

在正规比赛中，掷骰子时，为了避免作弊和争议，牌手要手持两个骰子，从牌池中央上空比较合适的高度掷出。禁止用一个骰子击打另一个骰子，也不能放在牌墙上吹下去或用牌碰下去。需要注意的是，掷骰子时不要用力过大，以避免掉到地上，一般地，掉到地上需要重新再掷。另外，当骰子落静后不平，骰子的点数有分歧时，为避免产生争议，也需要重掷。

（二）记分卡

打麻将时，为了方便记各家的得失分，人们制做了一些卡牌，在得失分时交付，这些卡牌就是"记分卡"，也叫"筹码"。

（三）记圈牌

打麻将时，通常以每四圈为一局。每局中，为了记圈次，人们制做了能指示圈风的小牌子，并把它叫做"记圈牌"。

日常游戏中，人们常用4张小卡片或4枚小硬币等日常物品代替记圈牌。举行正规比赛时，一般要用4个标准的记圈牌，上面各有"东"、"南"、"西"、"北"的字样。在一局四圈中，第一圈是东风圈，第二圈是南风圈，第三圈是西风圈，第四圈是北风圈。

第二节 基本规则

麻将的打法繁多，我们在研究打麻将技巧时，很难把所有打法的规则全部顾及到、一一讲解。所有打法中，有一些相同的规则是每种打法都要用到的，这些规则就是基本规则。本书在讲打麻将技巧时，就以本节所述的基本规则为基础进行讲解，适当兼顾一些常用的附加规定。

一、如何和牌

打麻将时，以是否先和牌论胜负。当某家的手牌先于别人形成了规定的类型模式时，就"和牌"了，和牌也叫"成和"、"成牌"。

（一）和牌要素

打麻将时，能够形成和牌要素的一组牌，叫做"牌组"。通常，当连在一起说牌组的数量和牌组时，多说成"几组牌"。在麻将牌组中，有两个基本大类，一类是"模"，一类是"将"。

1. 模

"模"即"模子"，传统的叫法是"朋组"，有的也叫"副"、"副子"。模有三类：

（1）**顺子**

同一门数牌相连的三张牌可以组成"顺子"，简称"顺"，也可以叫"连子"。例如：一二三万、三四五条、七八九饼。

用搭子吃进的顺子要亮明，因此叫"明顺"；自己手中起的顺子，未倒明，因此叫"暗顺"。

（2）**坎子**

任意一种牌的三张可以组成"坎子"，简称"坎"，也叫"刻子"，简称"刻"。例如：五五五条、九九九饼、二二二万、东风东风东风、绿发绿发绿发。

用对子碰出的坎子要亮明，因此叫"明坎"；自己手中起的坎子，未倒明，因此叫"暗坎"。

（3）**杠子**

任意一种牌的四张可以组成"杠子"，简称"杠"。例如：八八八八饼、四四四四万、一一一一条、北风北风北风北风、白板白板白板白板。

要别人舍出来与自己暗坎相同的牌，或者自己揭上来与明坎相同的牌而开杠，这两种杠大家都能看到，因此叫"明杠"；自己手中起到的牌开杠，杠不倒明，因此叫"暗杠"。

2. 将

"将"即"将牌"，是指和牌时单独的对子，也叫"麻将头"、"将头"、"雀头"、"头子"，简称为"头"。例如：三三条、七七筒、一一万、南风南风、红中红中。

将牌是对子，因此，说将牌时，人们常常会说成"一对将"。

（二）和牌类型

和牌类型有基本牌型和特殊牌型两类。

1. 基本牌型

基本牌型就是最后形成四模一将的牌型。有以下几种具体形式：

①一对将，四个顺子；
②一对将，三个顺子，一个坎子；
③一对将，两个顺子，两个坎子；
④一对将，一个顺子，三个坎子；
⑤一对将，四个坎子。

在上面的和牌类型中，把任意的坎子换成杠子，都是可以的。

2. 特殊牌型

特殊牌型打破了和牌为四模一将的基本规定，要求和牌时要满足一些特殊要求。国家体育总局1998年颁布的《中国麻将竞赛规则（试行）》规定了三种特殊牌型。在日常游戏中，大家也通常选用这三种特殊牌型中的部分或全部。

(1) 巧七对

由七个对子形成的和牌类型，叫"巧七对"。巧七对简称为"七对"，也叫"七巧对"。

因为杠是一模牌，所以，巧七对不能有杠，但可以把4张相同的牌当成2个对子。

(2) 全不靠

由所有字牌和三门数牌中数字系列各不相同的筋线牌中的任意14种牌各一张形成的和牌类型，叫"全不靠"。全不靠也叫"国土无双"；由于全不靠在听牌时已有13张各不相同的牌，因此，全不靠还俗称为"十三不靠"、"十三烂"、"十三浪"。和牌后，如果有全部的7种字牌，这样的全不靠叫"七星不靠"。

打全不靠时，所有的字牌有7张，所有的数牌有9张，因此，供选择的牌共有16张，和牌时，有其中任意14张就行。

(3) 字幺九

麻将牌中，字牌共7种，幺九牌共6种，由这13种牌中的任意一个对子和其他12种牌中的各一张形成的和牌类型，叫"字幺九"。字幺九通常叫"十三幺"。

（三）和牌方式

和牌有两种基本方式和一种特殊方式。两种基本方式是收炮、自摸，一种特殊方式是抢杠。

1. 收炮

牌手听牌后，因他人舍出了其所听的待牌而和牌，这种和牌方式叫"收炮和",简称为"收炮",也叫"捉炮"、"逮炮"。从与自摸对比的角度讲,收炮和的方式通常叫"食和"。收炮与食和的意思一样,角度有所不同,收炮侧重于从动作上讲,食和侧重于从结果上讲。

收炮是对成牌者来说的,从相反的角度说,如果牌手舍出的牌使别人成和,就叫"放炮",也叫"点炮"、"放和"、"点和"、"放铳"、"出铳"。通常,人们还把放炮的牌叫"炮牌",并俗称为"炮弹",也叫"铳牌"。

2. 自摸

牌手听牌后,如果自己正好揭上来了待牌,或者庄家配牌完毕时就成和,这种和牌方式叫"自摸和",简称为"自摸"。自摸通常也叫"自揭"、"自抠"。由于自摸往往会赢更多的分值,有爆炸性的效果,因此,有的地方还叫"炸",相应地,把自摸时揭上来的牌叫"炸弹"。

3. 抢杠

听牌后,如果牌手的待牌包括别人的明坎,当别人给明坎加杠时,牌手可以报和牌,这种和牌方式好像把别人的杠牌抢过来一样,因此,叫"抢杠和",简称为"抢杠"。

二、计分方法

一般情况下,打麻将有输赢时,要计分。各地的打法不一样,计算分值的方式也很多,有的差异甚至极大,但是,基本计分方法都有两个方面的重要规则。

(一) 基分规定

基分就是每一盘输赢的基本得分。

在各地的规定中，对基分的大小规定有相当大的差异。但是，基本的差异只有一个，那就是，做庄家时的得失分是否比做旁家时高。如果规定做庄家的分值高于做旁家，那么，庄家无论是赢还是输，其得失的分值都要高于做旁家；如果规定做庄家的分值不高于做旁家，与做旁家一样，那么，无论庄家是赢还是输，其得失的分值都和做旁家相同。

在各地规定中，一般地，自摸的得分要高于食和的得分。

这样的话，关于基分，就形成了以下三种基本算法，其他算法多是在此基础上变化的。

一是，自摸翻倍，庄家翻倍。这种算法，以旁家之间的食和为基础，自摸的分值翻倍，庄家的得失分再翻一倍。一般地，可以用 1－2－4 分表示。其具体计算方法是：旁家之间的食和，按 1 分算；旁家之间的自摸，按翻倍分，即 2 分算；庄家与旁家之间的食和，按旁家之间食和分值 1 分的翻倍分，即 2 分算；庄家与旁家之间的自摸，按旁家之间自摸得失分 2 分的翻倍分，即 4 分算。

二是，自摸翻倍，庄家加倍。这种算法，以旁家之间的食和为基础，自摸的分值翻倍，庄家的得失分再加一倍。一般地，可以用 1－2－3 分表示。其具体计算方法是：旁家之间的食和，按 1 分算；旁家之间的自摸，按翻倍分，即 2 分算；庄家与旁家之间的食和，按旁家之间食和得失分 1 分，再加上一倍分 1 分，即 2 分算；庄家与旁家之间的自摸，按旁家之间自摸得失分 2 分，再加上一倍分 1 分，即 3 分算。

三是，自摸翻倍，不论庄家。这种算法，以旁家之间的食和为基础，自摸的分值翻倍，庄家与旁家的得失分相同。一般地，可以用 1－2 分表示。其具体计算方法是：任意各家之间的食和，按 1 分算；任意各家之间的自摸，按翻倍分，即 2 分算。

（二）输法规定

打麻将时，赢家是先和牌的一家，这在各地没有争议。但是，各地对输家以及输多少的规定有差别。

如果赢家是自摸和牌的，那么，他要同时赢其他三家，即三家都要输，这在各地的规定是统一的。

如果赢家是收炮和牌的，那么，他是只能赢放炮者一家呢，还是能同时赢其他三家？这在各地的规定不尽相同。一般地，有三种规定。

一是，放炮者输，未放炮者也输，而且未放炮者输的分值和自己放炮时一样。除了赢家外，其余三家都算输家，放炮者输，未放炮者输的分值与自己放炮无异。这种输赢记分法叫"全陪和"。

二是，放炮者输，未放炮者也输，但未放炮者输的分值比自己放炮时要少。除赢家外，其余三家都算输家，但放炮者输的分值是全分，其余两家输的分值比放炮时要少，一般规定未放炮者输的分值是放炮时所输分值的一半。这种输赢记分法叫"半陪和"。

三是，放炮者输，未放炮者不输。只有放炮的人输分，其余两家不输，当然，也不算赢。这种输赢记分法叫"不陪和"；从放炮者的角度讲，也叫"包和"。

三、坐位做庄

为公平起见，打麻将时，各位牌手的座次要按照一定的规则确定和调换，做庄也要按照一定的规定确定和轮流。

(一) 定位换位

打麻将时，各位牌手的绝对位置对各家没有影响，相对位置形成的关系才对每一位牌手具有一定的影响，尤其是相邻两家的关系比较密切，对牌手的影响更大。比如，某家舍牌后如果有人要碰，其下家就会被隔空，减少揭牌次数，因此，如果上家喜欢舍生张，就对下家不利；如果上家不喜欢舍生张，就对下家有利。再如，下家能吃上家的牌，因此，如果上家盯牌较紧，就对下家不利；如果上家盯牌不紧，就对下家有利。

由于四位牌手的相对位置关系对各家的影响非常大，对每一位牌手都非常重要，因此，打麻将时，四个人的位置怎么坐，有一定的讲究。

在一场游戏开始前，要确定牌手的座位，即"定位"。当一场游戏时间较长时，为公平起见，牌手还要变化相对位置关系，这就需要调换座位。一般地，在每一局中，牌手的座位不变。下一局时，要按一定的规则调换座位。

确定座次分首局和后续各局两种情况。其方法很多，这里只介绍最简便、最常用的方法。

1. 首局确定座位的办法

打麻将时，人们常常把各人坐的位置与其座位所在的方向联系起来，用"风向"代表牌手，称在某一方向坐的人为某家或某风。比如，你坐在东边，说"东家"或"东风"怎么样就是指你怎么样。因为牌手的座位往往和风向相对应，所以，人们通常把选座位叫"选风"。

在一场游戏的第一局，通常采用以下两种办法确定座位。

（1）**掷骰法**

打麻将时必有两个骰子，因此，一般可以用掷骰子的办法确定座位。四个人各掷一次骰子，根据骰子的大小，按一定的次序分别坐在东、南、西、北四个位置。如果一些人掷的骰子点数相同，可以重新再掷，或者按先掷者为大的办法确定。通常，根据大家的习惯，可以依照骰子点数的大小按照东南西北、或东北西南的顺序定位。例如，按照东南西北的顺序定位：点数最大的人坐东方，依次坐南方、西方、北方。

（2）**摸风法**

从麻将牌中取出东、南、西、北4张牌，扣倒后洗乱，每位牌手随意摸一张，根据各人所取摸的牌面文字确定座位，即：摸到东风的人坐东方，摸到南风的人坐南方，摸到西风的人坐西方，摸到北风的人坐北方。

2. 后续各局换座位的办法

打麻将时，一般地，在一场游戏进行前，牌手会约定玩多少局。为公平起见，一局结束后，新的一局开始前，四位牌手要重新确定座位，即换座次。正规比赛时，应该按照四人形成的全部六种相对位置关系换座次。日常游戏时，由于很多人弄不清楚六种相对位置关系是怎么排列的，因此，换座次比较随意，但一般地，都会采取随机决定的办法。

需要说明的是，打麻将时，换座位实质上是改变了四位牌手的相对位置关系，也就是说，换座位不能改变运气，但能够改变自己在牌场上所处的地位。

后续各局换座位时，当然也可以采取首局选座次的办法，但为了避免与上局的相对位置关系相同，一般地，牌手往往采取如下两种办法。

(1) **胜家掷骰法**

胜家掷骰的办法是：由上一局最后一盘的赢家掷骰子，骰子点数指示方位的人不动，其他三人按逆时针或顺时针方向在他们原来坐的三个位置上依次移动一个位置。

例如，甲是上一局最后一盘的赢家，换座位时，由甲掷骰子。假设甲掷出的两个骰子点数之和是3、7、11，那么，丙就不动，其他三人按逆时针方向换座位，如图2：

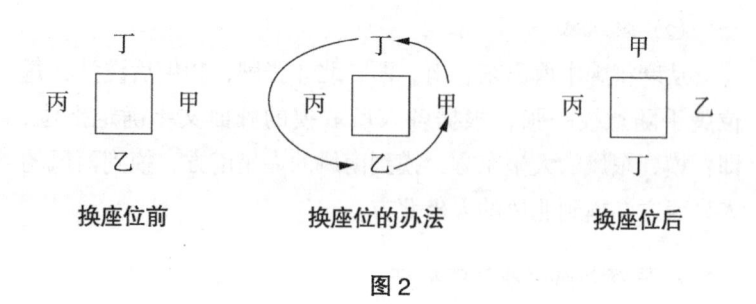

丁　　　　　丁　　　　　甲
丙　　甲　　丙　　甲　　丙　　乙
乙　　　　　乙　　　　　丁

换座位前　　换座位的办法　　换座位后

图2

再如，丁是上一局最后一盘的赢家，换座位时，由丁掷骰子。假设丁掷出的两个骰子点数之和是5、9，那么，丁就不动，其他三人按顺时针方向按座位，如图3。

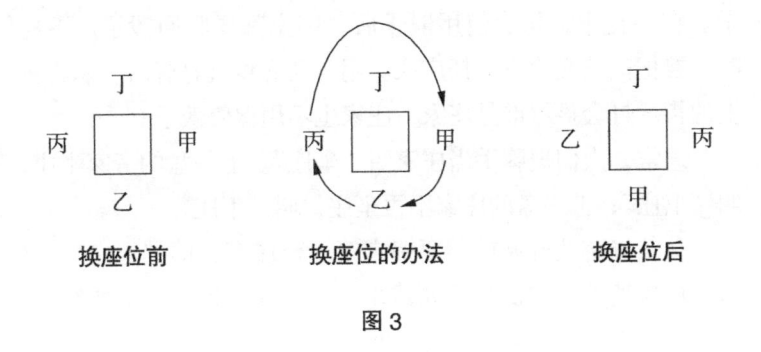

```
 丁              丁              丁
丙 □ 甲        丙 □ 甲         乙 □ 丙
 乙              乙              甲

换座位前        换座位的办法      换座位后
```

图 3

（2）**掷骰选风法**

掷骰选风的办法是：把东南西北四张风牌按一定顺序摞在一起，由上一局最后一盘的赢家掷骰子，骰子点数指示方位的人取4张风中最上面的一张，其他三个人按逆时针或顺时针方向依次各取一张，各位牌手按照自己取到的风字确定下一局的座位。

用掷骰选风的办法换座位时，由于取牌的顺序是一定的，因此，如果四张风牌从上到下循环的顺序是按照东北西南逆时针或顺时针摞在一起的，那么，座次的相对位置关系将不会改变，因此，在摞风牌时要避免出现这种情况。实战中，摞风牌时如果每次都查看是否会形成这种摞法，非常麻烦，因此，有人总结出了一句口诀："东不离西"。东不离西的意思是：如果把东风与西风摞在一起，就必使新的一局座次的相对位置关系发生变化。当然，用"南不离北"的摞法道理也是一样的。

（二）定庄轮庄

打麻将时，庄家是每盘比赛的主持者和组织者。每一盘，庄家要掷骰、开牌、舍首牌。在有的日常游戏和比较正规的比赛中，如果是玩手动麻将，人们往往还规定由庄家负责保管骰子。在一盘中,每次使用骰子后,庄家都要收回骰子。下庄时,要把骰子交给下一任庄家。用自动麻将机打牌时,麻将机上的指示灯会显示谁是庄家,庄家也不用保管骰子。

通常,人们把牌手当庄家叫"坐庄"。上一盘的旁家坐庄,叫"上庄";上一盘的庄家不再坐庄,叫"下庄"。

在一局游戏开始前,要确定第一位庄家,即"定庄"。之后,庄家要按一定的程序轮流坐。一般地,每一圈都按照东、北、西、南的逆时针顺序轮流坐庄。

无论对庄家还是旁家来说,按逆时针方向,依次是自己的下家、对家、上家。

1. 每局选择第一位庄家的规定

通常,在每局的第一盘,由"东风"先坐庄。打麻将时,"东风"有自然东风和规定东风两种。

自然东风就是按照自然方位的东风算,每一局的第一盘,由坐在东方的人先开始坐庄。

规定东风是人为规定某一方向为东风。有的地方规定,每一局的第一盘由随机选出的一家先坐庄,坐庄的人称为东风。其选择的方法像选坐位一样,通常也有掷骰法和摸风法两种。用掷骰子的办法选庄,俗称为"掷庄";用摸风牌的办法选庄,俗称为"摸庄"。

2. 轮流坐庄的规定

一般地,打麻将时,牌手是按逆时针顺序轮流坐庄的。但是,一些地方对连庄的规定有差异。

传统打法中,当盘如果庄家获胜,下一盘仍由庄家继续坐庄。庄家继续坐庄,叫"连庄"。如果旁家获胜,则按逆时针顺序，下一盘由庄家的下家坐庄。如此循环，当东风、北风、西风、南风各坐完一次庄后，就算打完了一圈牌。如果一局有多圈，下一圈开始时，仍然按照这种办法轮流坐庄，直到一局结束。

如果出现荒牌的特殊情况，多数地方都规定由庄家继续坐庄，算庄家连庄。其道理是，这一盘大家打了个平手，谁也没有赢谁，应该重来，重来等于上一盘不算，那庄家当然要继续坐庄了。而且，从旁家没有拉庄家下庄的角度讲，也应该由庄家连庄。少数地方规定，荒牌时庄家不能继续坐庄，算庄家下庄。其道理是，庄家有一定的优势，已经给了庄家坐庄的机会了，庄家却没有能力和牌，那么，就应该下庄。有这种规定的地方有的甚至还要求荒牌时庄家要给其他三家赔分。

《中国麻将竞赛规则（试行）》规定，牌手每圈只能坐一次庄。即，无论当盘是否荒牌，是否旁家获胜，庄家都要下庄，按逆时针方向轮流坐庄。

还有一些地方规定，庄家最多可以连坐三次。这是一个折衷规定。

另外，关于轮流坐庄的规定，近年来，少数地方还产生了一种谁和牌谁坐庄的方式。这种方式不论圈数，往往以任一家所输分值超过某一数量为一局。这种规定是对传统轮流坐庄方式的一种颠覆性变化，虽然也有一点道理，但既不正规，也不公平。

四、打牌过程

打麻将时，每一盘从开始到结束的整个过程，基本上有以下十个环节或问题。

（一）备 牌

打麻将的每一盘，首先要备牌。备牌就是洗牌和码牌。

在自动麻将机出现以前，人们都是手动洗牌和码牌的，一盘牌打完后，由各位牌手一起手动洗牌。用自动麻将机打牌时，机器在桌面下洗牌和码牌，一盘结束后，按动升降开关，码好的牌就会升到桌面上，牌手不用洗牌码牌。

洗牌和码牌是紧密相连的两个过程，甚至是同时进行的。自动麻将机一般都是一边洗牌一边码牌。玩手动麻将时，在日常游戏中，洗牌和码牌往往没有严格的界限，但正规比赛时，洗牌和码牌的规定是比较严格的。

自动麻将机的洗码牌实现了自动化，因此，下面我们讲的洗牌和码牌都是指在玩手动麻将时。

1. 洗牌

把牌充分洗好是游戏公正的前提，因此，在每一盘，都要充分洗牌。

为防止作弊和公平起见，洗牌时，要先把全部麻将反扣过来，使牌的背面朝上。之后，大家尽量把牌搓乱，使所有的牌均匀无序。

2. 码牌

洗牌之后，要码牌。"码牌"即把牌码成四道牌墙，也叫"砌牌"。码牌时，每位牌手各码一道牌墙，码好牌墙后，放在自己门前的适当距离处。

一般地，牌墙为两层。牌墙中，上下两层的两张牌叠摞在一起，叫一"摞"。打素麻将时，每道牌墙为17摞34张。码牌时，牌手可按6、6、5摞的办法记数，这样码的牌墙就正好是17摞。打全花麻将时，每道牌墙为18摞36张。码牌时，牌手可按6、6、6摞的办法记数，这样码的牌墙就正好是18摞。

（二）配 牌

牌码好后，就该配牌了，配牌时，庄家首先要开牌。

1. 庄家开牌

打麻将时，在每一盘，由庄家负责主持启动该盘游戏，因此，牌码好后，庄家要开牌。

配牌时，牌手要从规定的地方开始取牌。庄家第一次取牌时，往往需要从一道牌墙的中间把牌拉开。人们把庄家第一次取牌前拉开牌墙叫"开牌"，也叫"破墙开门"，简称为"开门"。开牌时，从牌墙中间拉开的口子，叫"切口"。如果开牌时恰好是从一道牌墙的开头取牌，那么，切口就恰好在与庄家第一次取牌位置相邻的另一道牌墙的一头。

开牌时，要随机选择开牌的位置。一般地，公平的办法有两种。

一是两次掷骰法。先由庄家掷两个骰子，两个骰子的点数之和为第一次所掷的点数；尔后，再由庄家所掷点数所对应的牌手掷第二次，两个骰子的点数之和为第二次所掷的点数。庄家第一次所掷的点数对应的牌手面前的牌墙为起数牌墙，前后两次所掷点数之和为开牌点数。从庄家第一次所掷点数对应的牌手面前的牌墙右侧的第一摞牌开始顺时针数起,数完开牌点数后,从数完的那一摞牌的下一摞开始取牌。如果两次所掷点数之和比一道牌墙所有的摞数还多,那就接着往下一道牌墙上数。例如,庄家第一次掷的点数是7,第二次则由庄家的对家掷,假如对家所掷点数是5,那么,两次所掷点数之和就是12,开牌时,就从庄家的对家面前的牌墙右侧第一摞开始顺时针数起,数完12摞后,庄家在此开牌。再如,庄家第一次掷的点数是9,第二次则仍由庄家掷,假如第二次所掷点数是12,那么,两次所掷点数之和就是21,开牌时,就从庄家面前牌墙右侧第一摞开始顺时针数起,数完21摞后,庄家在此开牌。

二是一次掷骰法。由庄家一次掷两个骰子,看骰子点数时,既要看两个骰子的点数之和,又要看两个骰子中较小的点数。两个骰子点数之和对应的牌手面前的牌墙为起数牌墙,两个骰子中相对较小的点数为开牌点数。从两个点数之和所对应的牌手面前的牌墙右侧的第一摞牌开始顺时针数起,数完开牌点数后,从数完的那一摞牌的下一摞开始取牌。例如,庄家掷出两个骰子的点数分别为2、6,两个点数之和是8,因此,上家门前的牌墙为起数牌墙;较小的点数是2,因此,从上家门前的牌墙右侧开始数起,数2摞后,开牌。再如,庄家掷出两个骰子的点数分别为3、3,两个点数之和是6,因此,下家门前的牌墙为起数牌墙;两个骰子的点数都是3,任意一个点数都可以看做是较小的点数,因此,从下家门前的牌墙右侧开始数起,数3摞后,开牌。

第一种办法掷两次骰子,更加公平,正规比赛中用的较多。第二种办法掷一次骰子,相对简单,日常游戏中用的较多。

2. 各家配牌

开牌后,庄家要取够14张牌,旁家要取够13张牌,这叫

"配牌"。

配牌时，牌手前三次每次要从牌墙上取走两摞牌。通常，人们把合在一起的两摞牌叫一"墩"。牌手配牌时每次一把抓走一墩，因此，墩也叫"把"，或"手"。

配牌分为四步。前三步由庄家开始，逆时针每人拿走一把牌，从动作上讲，这叫"取牌"，或"抓牌"。最后一步，庄家拿两张牌，这两张牌是接着前面取牌位置的第一摞和第三摞上层的牌，中间要隔一摞，庄家需要跳过中间所隔的一摞牌，这叫"跳牌"；庄家跳牌后，旁家还要依次取走一张牌，这叫"饶牌"。

配牌完毕后，庄家共配到了14张牌，旁家各共配到了13张牌。这些牌叫"原牌"、"基牌"或"底牌"。

需要注意的是，无论是配牌时的取牌还是行牌时的揭牌，从牌墙上起牌时，都是按牌墙的顺时针方向起的，这与行牌的逆时针顺序相反。

配牌后，除了开杠，以后再揭牌时就接着配牌的地方依次揭。被揭的地方好像一个整东西有个碴一样，因此，那个地方叫"碴子"、"碴口"。

（三）补 牌

从牌墙最后揭牌，补充手牌，叫"补牌"。补牌分为两类。一类是补花，一类是补杠。

打144张全花麻将牌时，因为起到花牌而从牌墙最后补牌，叫"补花"。配牌结束后，接着就要进行配牌后的补花，各家按顺序根据自己配牌时起到的花牌数量补牌；揭牌后，如果所揭的牌是花牌，要立即补牌，当然，补花时如果所补的牌是花牌，还要再补，因此，除过专门讨论补牌或与补牌相关的问题时要说"补花"或"补牌"，一般地，人们在说配牌和揭牌时，即使补花，也不用专门说"补花"或"补牌"。也就是说，人们一般说配牌和揭牌时，就包含了补花。

杠牌时，从牌墙最后补一张牌，叫"补杠"。开杠时，要立即补牌，因此，有时，人们说揭牌时，就包括补杠。

（四）理　牌

牌手把自己的手牌按照一定的规则、顺序进行整理，叫"理牌"。一般地，牌手配牌后需要一个短暂的理牌过程。当然，在行牌过程中也需要理牌。

与行牌过程中的理牌相比较，配牌后的理牌时间相对较长。除非遇到特殊情况，一般地，在行牌过程中理牌的时间会相对较短。

为了节省配牌后的理牌时间，牌手也可以在配牌时一边抓牌，一边理牌。

（五）行　牌

一般地，从庄家舍第一张牌开始，到一盘结束的整个过程，就是"行牌"过程，行牌也叫"走牌"。特殊情况下，如果庄家配牌后发现有暗杠，可以先开杠，然后再舍第一张牌，当然，从庄家开杠算起，也就算行牌了。极少数特殊情况下，庄家配牌完就和牌，即出现了天和的情况，那就没有行牌过程了。

打麻将时，各家的争斗主要体现在行牌过程中，牌手的水平高低也基本上全部反映在行牌过程中，行牌过程有趣、激烈，常常富有戏剧性，有时会很刺激，是打麻将最主要、最精彩的阶段。

行牌时按逆时针的方向进行。

配牌完成后，由于庄家已经多跳了一张牌，因此，除过庄家一开始就有暗杠并开杠的情况，庄家舍首牌时不用揭牌。之后，在不出现吃牌、碰牌、杠牌的情况下，牌手要依次揭牌，揭牌后如果没有自摸，要舍牌。行牌时，如果有人吃牌或碰牌，那么，他就不能揭牌，但要舍牌；如果有人杠牌，要按照开杠的要求从牌墙的最后揭牌，开杠未自摸时，要舍牌。下家吃、碰、杠时，行牌次序不发生变化，对家或上家碰杠时，行牌次序会发生变化。对家碰、杠时，下家被隔了过去；上家碰、杠时，下家和对家都被隔了过去。被隔过去的牌手，当巡就不能揭牌舍牌了。

1. 揭牌

打牌时，牌手从牌墙上把牌揭取到自己手里，叫"揭牌"，也叫"摸牌"。

牌手在揭牌时，上家舍出牌后，下家才能有揭牌动作；上家未舍出牌前，下家不能动手揭牌。

2. 舍牌

"舍牌"即"出牌"，指揭牌（含庄家跳牌、各家补花）、吃牌、碰牌、杠牌后，不和牌时，向外打出牌。舍牌简称为"舍"，也叫"切牌"，简称为"切"，或者叫"切舍"，有时，也叫"打牌"，简称为"打"。

有的牌局规定，舍牌时，必须把牌整齐地放于海内，以便于大家观察，这叫"清海底"；相应地，如果所舍之牌可以不按次序地乱放在海底，就叫"混海底"。

3. 要牌

行牌时，除了揭牌之外，还可以在三种情况下进牌，即吃牌、碰牌、杠牌。一般地，吃牌、碰牌、杠牌统称为要牌。要牌后，除过开杠后接着再杠或杠上开花，都要舍出一张牌。

(1) 吃牌

上家舍出的牌如果正好是下家搭子的待牌，能形成顺子，那么，在别人没有碰、杠或和的情况下，下家用搭子要这张牌，就叫"吃牌"。吃牌也叫"吃进"、"吃出"、"吃起"。

吃牌形成的顺子是固定的一模牌，它的任何一张牌都不能再与其他牌重新组成新的模或将，也不能舍出。

吃牌只能吃上家的牌，而且，碰、杠优先于吃。就是说，如果上家舍出牌后，当下家欲吃、别家欲碰、杠时，碰、杠优先，可以被碰、杠走，不能被吃进。但是，在实战中，由于牵制破坏对手的需要，往往存在这样的情况：如果某家吃，别家才碰、杠；如果某家不吃，别家也不碰、杠。那么，这一情况是否被允许呢？我认为，应该允许这种情况。第一，碰、杠比吃优先就体现在这种情况下，否则，将难以体现或不能体现得非常充分。第二，牵制破坏对手本身就是一种技巧，牌手运用麻将规则允许的技巧，是一种正常甚至高明的打法。第三，反过来讲，有的规则不允许出现这种情况，那就往往会规定舍牌后，欲碰、杠的人需要在几秒内做出决定，否则不允许碰、杠。而这样的话，往往就会要求下家想吃牌时要慢一些表明自己欲吃进。这种规定不但会浪费很多时间，而且还难以操作，因为很难有人把握好碰牌是否在规定的几秒钟内做出反应，而吃牌时慢的程度同样也很难把握。可见，这种规则既不科学，也难以操作。因此，我认为，应该允许碰、杠别人欲吃牌的情况出现。但是，允许出现这种情况必须同时规定：吃牌的人要先口头声明"吃"或"吃牌"，而不要先亮出手中欲吃的搭子，声明之后，再拿进上家所舍之牌，并亮明吃成的顺子。当舍牌人的下家在发出吃牌的口头声明后，但未把上家舍出的牌拿回到自己手中前，欲碰、杠的人要按规定发出碰、杠的声明。当吃牌人已经亮明搭子后，就不允许后面的人碰、杠了。因为，舍牌人的下家口头声明时，已经给能碰、杠的人充分的时间了，当吃牌的人亮明了搭子后，就暴露了牌，这时后面的人再碰、杠牌，就对吃牌的人不公平了。

（2）碰牌

任意一家舍出与自己手中对子相同的牌，无论自己处在什么位置，在别人没有和的情况下，自己用对子要这一张牌，就叫"碰牌"。碰牌也叫"碰出"、"碰进"、"碰起"。碰牌时，按顺序揭牌者将失去揭牌的机会。

如果自己要碰下家或对家舍出的牌，那么，就需要阻止按顺序揭牌的人揭牌，因此，碰牌时，自己必须明确表明要碰牌。这就要求碰牌时牌手要发出信号，口头声明"碰！"或"碰牌！"因为碰牌时牌手已经有了一对，因此，有的地方也叫"对！"

（3）杠牌

"杠牌"是把四张相同的牌当成固定的一模牌，也叫"开杠"。由于杠子模是四张牌，比其他模多一张，因此，杠牌时，要从牌墙的最后按规定揭上来一张牌，作为补充，即补杠。这样，每开一次杠，手牌就会多出一张。开杠使手牌多出，叫"杠牌逾张"。

一般牌局都规定，吃、碰牌时，即使手中本来就有杠牌，也不允许开杠，只有揭牌后，未舍牌前，才能开杠。

开杠分为开明杠和开暗杠两种。

开明杠有两种情况。

一是：自己的手牌中有一个暗坎，当别人舍出一张这样的牌时，自己有权利杠这张牌。由于这样杠牌和碰牌都是要别人的牌，很相似，因此，日常打麻将时，通常既可以喊"杠"，也可以喊"碰"；正规比赛对用语要求严格，一般不允许喊"碰"，只能喊"杠"。这种开杠办法是用暗坎要来了一张牌开杠，因此，叫"暗坎要牌开杠"，简称为"要牌开杠"或"暗坎要杠"，或者进一步简称为"要杠"。

二是：自己已经通过碰牌得来了一个明坎，揭牌后，未舍牌前，无论是自己刚刚揭到与明坎相同的牌，还是手中本来就有一张与明坎相同的牌，都可以开明杠。这种开杠办法是给明坎加一张牌开杠，因此，叫"明坎加牌开杠"，简称为"加牌开杠"或"明坎加杠"，或者进一步简称为"加杠"。

上面这两种情况下开杠时，大家明确知道杠子是什么，所以，叫"明杠"。计番时，有明杠不能计"门前清"。

从要牌的角度讲，吃、碰牌时，是要别人的牌成固定模，这没有任何争议。别人舍出自己的暗坎，自己要牌开明杠时，也是要别人的牌成固定模，这也没有争议。但是，自己给明坎加牌开明杠或开暗杠时，并未要别人牌，这如何理解为要牌呢？我认为可以这样理解：这种情况下的杠牌仍然会多一次揭牌机会，和要别人牌的效果是一样的，因此，可以理解为要自己的牌成固定模。这样，从理论上讲，无论吃、碰牌或任何方式的杠牌，都是要牌。

(六) 听 牌

"听牌"是只需要一张牌就能成和的牌姿。由不听到听牌，叫"入听"，有的也叫"叫听"，简称为"叫"。一般情况下，听牌是和牌的必经阶段，是牌手组牌努力追求的目标。

1. 听姿

听牌时待牌部分的牌型，或说模式，叫"听牌姿态"，简称为"听姿"。

(1) 待牌类型

"待牌类型"是指待牌部分怎样与待牌形成牌组。

基本牌型的目标是四模一将，因此，听牌后，必定是四模无将或三模一将。如果是四模无将，待牌成将就能和牌；如果是三模一将，待牌成模就能和牌。这样的话，待牌就只有三个基本类型，即单牌上张成将、搭子上张成顺、对子上张成坎。特殊牌型成和时要求的牌型特殊，其待牌类型也特殊。我们这里主要讲解基本牌型的待牌类型。

①单牌上张成将。

单牌上张成将的类型即"钓将"，简称"钓"。听牌时，单牌需要上来一张同牌组成将牌。

钓将有单钓将、两头钓将、三头钓将、多头钓将。单钓将简称"单钓"，也叫"单骑"，听牌时，待牌部分只有一张牌，只有上来这种牌才能和牌。两头钓将也叫"双钓将"，听牌时，待牌部分是一个四连牌，任意上来一张四连牌两头的牌，形成将牌，其他三张牌形成一个顺子，就能和牌。三头钓将也叫"三钓将"，听牌时，待牌部分是一个七连牌，任意上来一张七连牌两头的牌或中点牌，形成将牌，另外六张牌形成两个顺子，就能和牌。多头钓将也叫"多钓将"，听牌时，待牌部分是多种牌，任意上来其中一张都能和牌。多钓将的牌只有在特殊牌型"字幺九"或打有的缀子时，才可能出现。

②搭子上张成顺。

搭子上张成顺，简称"上"。听牌时，搭子需要上来一张待牌组成顺子。

搭子上有四种类型：边张上、夹张上、两边上、三边上。边张上时，待牌部分是一二或八九形成的边张搭子，只有上来三或七，才能形成顺子。夹张上时，待牌部分是相隔的两张数牌形成的夹张搭子，只有上来中间的牌，才能形成顺子。两边上时，待牌部分是相邻的两张中张牌形成的两边搭子，无论上这两张牌哪一边的邻牌，都能形成顺子。三边上时，待牌部分是中张牌形成的五连牌，无论上五连牌哪边相邻的牌或中点牌，都能形成两个顺子。

③对子上张成坎。

对子上张成坎的类型，必定有不止一个对子，是几个对子同时待牌，任意一个对子成坎就能和牌，称为"对倒"或"对碰"。听牌时，对子需要上来一张同牌组成坎子。

根据听牌时可碰对子的多少，对子上张成坎有两对倒、三对倒、四对倒等三种类型。两对倒也叫"双碰"，三对倒也叫"三碰"，四对倒也叫"四碰"。

（2）**待牌种类**

"待牌种类"是指待牌有哪几种。

详说待牌类型时，一般就会说到待牌种类。比如，单钓将的待牌种类是1种，两边上的待牌种类是2种，三对倒的待牌种类是3种。

说待牌种类时，通常说"几口听"。如果听的待牌为一种，就叫"单口听"；如果听的待牌为两种，就叫"双口听"或"两口听"；三口以上的听姿叫"多口听"，具体地，按照所听种类的多少，分别叫"三口听"、"四口听"、"五口听"、"六口听"、"七口听"、"八口听"、"九口听"、"十三口听"。几口听也叫几面听，比如单面听、两面听或双面听、三面听、四面听……

（3）**待牌数量**

"待牌数量"是指待牌有多少张，也可以说成"待牌张数"。待牌的种类与张数并不绝对成正比例，因此，评价待牌的多少时，虽然待牌种类的多少也很重要，但最关键还是看待牌的张数。

听牌时，如果所有的待牌只剩下了一张，叫"听末张"。

2. 听牌途径

"听牌途径"即听牌时得到牌的方式。由于从一入听进入到听牌级别时叫入听，因此，听牌途径也叫"入听途径"。根据听牌时得到牌的方式，听牌有以下几个途径：

一是"揭听"——揭上一张牌而使牌进入听牌状态。

二是"吃听"——吃进一张牌而使牌进入听牌状态。

三是"碰听"——碰出一张牌而使牌进入听牌状态。

四是"杠听"——杠牌时揭上一张牌而使牌进入听牌状态。杠听是揭听的一种特殊情况。

3. 报听

有的牌局规定，在和牌前，牌手必须在某次舍牌时公开宣布自己已经听牌，这叫"报听"。报听后，手牌不能再换。

在必须报听的牌局，能听牌时，如果牌手觉得听口不好，可以暂不报听，以期待听成更好的牌姿后再报听。也就是说，听牌时，牌手既可以决定报听，也有权选择不报听。

（七）和 牌

听牌后，如果能够和牌，那么，牌手可以宣布和牌，当盘比赛结束。

和牌时，牌手要明确宣布自己和牌，并把自己的牌整理好放倒明示，以得到其他三家的确认。正式比赛时，还要得到裁判的确认。在计番的牌局，和家必须说明番种，并请其他三家或包括裁判确认。

（八）荒 牌

打麻将时，并不是每一盘都能分出胜负。如果大家把牌局规定应该揭的所有牌都揭完了，并且揭最后一张牌的人也舍出了牌或开杠，但没有人和牌，就会出现平局。一盘到最后都没有人和出，叫"荒牌"。荒牌对庄家来说，也叫"黄庄"。

揭最后一张牌的人舍出牌后，其他人只能和牌，不能吃、碰、杠牌。

如果牌手揭最后一张牌后开杠，由于杠牌时无牌可揭，因此，也不用舍牌，算自然荒牌。牌手揭最后一张牌后如果是给明坎加杠，其他人可以抢杠。

关于荒牌，还有其他一些规定。有个别地方规定，庄家首牌舍某种字牌后，如果其余三家也紧接着舍同一种字牌，即首巡四字连打，要荒牌，重新来下一盘。还有一些地方规定，出现四个杠时，如果无人抢杠，而且开第四个杠的牌手未杠上开花、舍出牌后也没有人食和，就算荒牌，重新来下一盘。还有的地方规定，某家舍出牌后，如果三家都能食和，那么，任意一家都不能和牌，要算荒牌，重新来下一盘。这几种人为规定的荒牌没有实际意义，现在绝大多数地方已经取消了这几种规定，笔者也强烈反对这些没有实际意义的规定。

荒牌时，要揭到规定的最后一张牌，因此，荒牌与留牌有很大关系。关于留牌，大致有三类情况。

第一类是不留牌。不留牌就是把所有的牌揭完。如果把牌揭完并且最后揭牌的人也舍出了牌，还没有人和牌，才算荒牌。

第二类是留固定撮数的牌。这种规定要求在每一局剩余固定的撮数。比如 7 撮、10 撮、13 撮。一般地，留的固定撮数都大于 6。

第三类是留变化撮数的牌。变化的撮数一般根据杠的数量而定。比如，有的地方规定，没有杠余 10 撮，一杠余 7 撮，二杠余 8 撮，三杠余 10 撮——所谓"一杠七，二杠八，三杠回老家"的口诀，就是指的这种情况。

在留牌的情况下，如果有杠，牌墙上就会出现被揭走牌的一撮牌只剩一张的情况，这有一个一张牌算不算一撮的问题。算不算一撮实际上是算多或算少的问题，有的地方算多不算少，有的地方算少不算多。比如，按留 7 撮的规定，算多不算少的，就留原牌 8 撮，实际未被揭的牌是 15 张；算少不算多的，就留原牌 7 撮，实际未被揭的牌是 13 张。

笔者主张不要留牌。因为：第一，不留牌能减少荒牌的次数。一盘中，大家揭的牌越多，荒牌的可能性越小，这个道理很简单。第二，不留牌能减少小概率事件出现的次数，使牌技在打麻将中所起的作用更大。最后留的牌越多，打牌时的偶然性就越大。比如，留牌多可能会使听口很好的人失去和牌机会。例如，有人听三六九万，但三六九万大部分在最后 10 摞牌中，如果留下 10 摞牌，听这么好的口子也可能和不上牌；而如果把牌揭完，就不存在这个问题了。所以，我极力主张：把牌揭完，不留余牌。

（九）弃 牌

如果牌手可以吃、碰、杠、和，但不想要，可以放弃，放弃能吃、碰、杠、和的牌，叫"弃牌"。弃牌后，牌手将失去一些权利。无意漏过吃、碰、杠、和的情况，视为弃牌。

1. 舍牌人的下家揭牌后，其他人不能再要其舍出的牌

下家或对家舍牌后，如果你放弃要牌或食和，在舍牌人的下家揭牌后，就不能再改变主意，重新要牌了。比如，下家舍四饼，你本来可以碰、杠、和，但放弃了，当对家揭牌后，你就没有权利再要下家的四饼了。

日常游戏中，有的人反应较慢，当舍牌人的下家已经揭牌甚至揭牌后已经舍牌或报自摸时，他才开始叫碰、叫杠或叫和，这容易引起争议。

2. 自己揭牌后，不能再要上家舍出的牌

上家舍出牌后，在你揭牌前，你可以决定要或不要。如果你要，就不能揭牌；如果你不要，可以揭牌。在揭牌前，你都有改变主意的权利，但一旦你揭牌了，那么就标志着你明确表示放弃了，这时，你就不能再要上家舍出的牌了。即

使你有揭牌动作，如果你的下两家要这张牌，你也不能改变主意，因为揭牌动作就标志着你明确放弃，没有权利再要这张牌了。

3. 弃碰后，当巡不能以同种方式碰其他人舍出的同种牌

为公平起见，如果有人舍牌后，自己不碰，那么，在轮到自己揭牌前，将失去碰这种牌的权利。例如：自己有一对二万，下家舍出二万，自己不碰，那么，当对家或上家再舍出二万时，自己也不能碰。

牌手放弃碰某牌后，当巡可以吃进这种牌。例如：我手中有七七八九条，下家或对家舍出七条，我弃碰，但上家舍出七条，我却可以用八九条吃进。

4. 能和未和后，当巡不能食和

如果自己放弃食和，那么，在自己揭牌前，将失去所有的食和权利。比如，你听牌为一四七条，下家舍出一条，你放弃，当巡，对家或上家舍出一四七条中的任何一张牌时，你不能食和。

第三节 附加规定

麻将牌的种类较多，数量很大，它的组合可以千变万化。而且，其游戏规则也可以有所变化。因此，在长期的发展过程中，各地民间形成了并不相同甚至差异很大的各种打法。并且，随着发展，一些新的打法还在不断涌现。可以说，麻将牌的打法五花八门、种类繁多。在各地的打法中，除了基本规则

外，形成了一些具有地方特色的规则。这些具有各地特色的规则，我们可以看做是打麻将游戏的附加规定。

在不同的打法中，技巧在打牌过程中的含量往往不一样甚至相差很大。越是简单的打法，对技巧的要求越单一、越低；越是复杂的打法，对技术的要求越广泛、越高。比如，在不允许吃牌的打法中，一些有关吃的技巧就派不上任何用场，其打法比较简单。再如，在计番的打法中，涉及到的技巧很多，其打法非常复杂。

各种附加规定都有一定的专门技巧，牌手要根据不同的附加规定调整自己的战略战术和技术。

需要说明的是，在所有的附加规定中，有些规定不好，应该反对。有的附加规定可能不很科学甚至很不科学。比如，"跟庄罚庄"的规定：庄家舍首牌后，如果其余三位旁家都紧跟着舍出同一种牌，庄家要输一定的分值。有的附加规定涉及的技巧很简单、意义不大。比如，"宝牌"的打法：按一定规则，通过翻牌确定"宝牌"，有宝牌的赢家能加分。再如，"撂喜"的打法：规定某些原本不能成模的牌在配牌完成时可以成模作为喜牌撂开，并且在行牌过程中揭上与喜牌模子中相同的牌后可以像开杠一样过喜，和牌后，撂喜、每过两次喜能加分；抢别人过喜的牌能和而且还能加分。再如，"下彩"的打法：在每盘开始前，由各家预定配牌后的原牌中会出现某些牌或某类牌型，或在行牌中会出现某种特殊情况，或成牌后有类似一些番种的情况，打牌时，牌手出现自己所下的"彩"后，得分；出现别人所下的"彩"后，失分。有的附加规定甚至几乎没有技巧可言。比如"铲麻将"：规定一定的圈数为一铲，一般规定两圈为一铲，一铲前，每家的筹码数量相同，未打完一铲时，输完筹码的人再输不用付筹，也不记账，但和牌却能赢得筹码，一铲结束时，以各人所余的筹码计输赢。有的附加规定可能普及程度不高甚至只在极个别地方或情况下才使用。比如，有的地方规定手牌可以多3张或少3张甚至少6张。多3张，即打"16张"，和牌要求形成"五模一将"。少3张甚至少6张，即打"10张"、打"7张"，相应地，和牌要求形成"三模一将"或"两模一将"。再如，有的地方打麻将的人数可以是三个、五个、六个或七个。三人打牌时，要去掉一门数牌或者规定"起和番"。五人、六人或七人打牌可以减少手牌数量，一般地，五人或六人打牌时，手牌少3张；七人打牌时，手牌少6张。多人打法中，甚至还出现了有多个先后和牌者的所谓"血战到底"的打法：在一盘中，和牌的人按照和牌的先后顺序，依次在和牌后即退出当盘比赛，余下的人继续打，直至剩下一个人或荒牌，最后算分。对这些附加规定，本书不作讨论。

通常的附加规定，主要有以下几类。

一、分　值

关于分值的附加规定，主要有两种情况。一是增加了附加基分，一是允许加注。

（一）附加基分

在比较正规的比赛中，关于分值的算法，都不附加基分，但在民间游戏中，往往存在附加基分。

所谓"附加基分"，就是指在基本分值的基础上，加一个附加的底分。

基分的基本规定有三种，一是自摸翻倍，庄家翻倍；二是自摸翻倍，庄家加倍；三是自摸翻倍，不论庄家。

一般地，在"自摸翻倍，庄家翻倍"的算法中，不附加基分，有附加基分的情况多是在后两种算法上附加的。下面我们按后两种规定分别说明一下有附加基分的算法。

在"自摸翻倍，庄家加倍"的算法中，如果没有附加基分，一般地，其分值是按 1－2－3 的比例计算的，即旁家之间的食和，按 1 倍分算；旁家之间的自摸、庄家与旁家之间的食和，按 2 倍分算；庄家与旁家之间的自摸，按 3 倍分算。如果加上一定的附加基分，就成了（x+1）－（x+2）－（x+3）。例如，基分是 1－2－3，加 1 倍的附加基分，就成了 2－3－4。这样算分值，就成了：旁家之间的食和，按 2 倍分算；旁家之间的自摸、庄家与旁家之间的食和，按 3 倍分算；庄家与旁家之间的自摸，按 4 倍分算。

在"自摸翻倍，不论庄家"的算法中，如果没有附加基分，一般地，其分值是按 1－2 的比例计算的，即任意各家之间的食和，按 1 倍分算；任意各家之间的自摸，按 2 倍分算。如果加上一定的附加基分，就成了（x+1）－（x+2）。例如，基分是 1－2，加 1 倍的附加基分，就成了 2－3。这样算分值，就成了：任意各家之间的食和，按 2 倍分算；任意各家之间的自摸，按 3 倍分算。

附加基分的实质是降低了自摸得分的比例。

（二）加 注

加注即一位或多位甚至所有牌手在基本分值的基础上，再额外投注，加一定的分值。加注的人，如果赢，会多赢；如果输，会多输。

加注后，多数地方规定自摸和牌时加的分值不翻倍，但也有的地方规定自摸时加的分值也翻倍。

加注增加了分值，本身有"赌"的成分，因此，即使牌局允许可以加注，一般也都会对加注的大小规定上限，要按基本分值的一定幅度规定限度，最多不能超过庄家自摸所得的分值。

二、杠 牌

杠牌很特殊，因此，很多地方都有一些关于杠牌的特别规定。关于杠牌的特别规定，一般有以下四种。

(一) 有杠得分

很多地方都规定，如果有杠，杠能得分。其中，多数地方规定，只有赢家的杠才能得分；没有赢牌，杠不能得分。少数地方规定，只要不荒牌，各家的杠都能得分。

规定有杠得分时，一般情况下，明杠的分值小，暗杠的分值大。通常，明杠的分值为基本分的最小分；暗杠的分值为基本分的次小分。

(二) 杠上开花赢分翻倍

很多地方都规定，如果在杠牌时自摸成和，即杠上开花，那么，赢家将赢取双倍的分值。

当然，凡是规定杠上开花赢分翻倍的牌局，赢家的杠都算分。

（三）抢杠算自摸

抢杠是和牌的一种方式。

凡是规定杠上开花赢分翻倍的地方，抢杠后，都算抢杠和的人自摸，但输家只有被抢杠的那个人，即被抢杠者要输给抢杠者自摸的所有得分。这体现了利益与风险均等的理念：既然杠后有多赢的机会，那么，杠牌就应该有多输的危险。

（四）杠后放炮输分翻倍

开杠后舍出来的牌如果正好给别人放炮，就是杠后放炮，简称为"杠后炮"。

凡是规定杠上开花赢分翻倍的地方，一般都规定杠后放炮要加倍输。像抢杠的规定一样，这也体现了利益与风险均等的理念：既然杠后有翻倍赢的机会，那么，杠后放炮就应该有加倍输的危险。

三、行 牌

关于行牌的附加规定，主要有以下几类。

(一) 不允许吃牌

在传统麻将和正规比赛中，吃牌是重要的一种要牌方式，是行牌中重要的一个环节。但是，在民间，许多地方逐步形成了不允许吃牌的规则。如今，在全国许多地方，都有不允许吃牌的规定。而且，这一规定不断受到人们的肯定，普及的范围越来越广。

之所以不允许吃牌的规定能够得到推广，我认为，是因为这一规定相对更加公平、更加科学。

第一，不允许吃牌的规则更加公平。其一，这种规定使牌手受他人水平的影响较小。如果允许吃牌，上家打牌水平的高低会直接影响下家，下家牌手受上家牌手水平的影响非常大。在不允许吃的牌局，牌手因为他人技巧而受到的影响较小，能够充分显露牌手自身的技巧优劣，这相对来说，就公平了很多。其二，这种规定减少了牌手因关系较好而产生的照顾情况。比如，上下家关系较好时，上家有可能会故意给下家喂牌。再如，某位牌手与要吃牌的人关系较好时，有可能他本来想碰牌的，但为了照顾关系好的人吃牌，不碰了。在不允许吃的牌局，关系好的人之间很难照顾，这相对来说，就公平了很多。如果不允许吃牌，就不会受这些人为因素的影响，所以，不允许吃牌的规则更加公平。

第二，不允许吃牌的规则更加科学。允许吃牌时，碰牌和杠牌优先，因此，往往会出现某位牌手舍数牌后，其下家正欲吃起时，后面有人喊碰的情况，这既会暴露下家的牌，又容易因计时问题发生冲突。所谓计时问题，就是在比赛中，为了避免后面有人故意碰舍牌人下家欲吃的牌而规定的时间问题。在正规比赛中，往往会规定碰牌的时间——牌手欲碰牌时，必须在规定的时间内声明，否则不能碰。这样的话，会带来两个麻烦：一是，很多情况下，碰牌的人要思考是否碰，但如果思考时间长了，就会导致碰牌的时间失效，所以，欲碰牌的人很难掌握好规定的时间。二是，欲吃牌的人为了避免自己声明吃牌后有人碰牌，往往会等待碰牌时间失效，这既难把握，又会耽误时间。如果不允许吃牌，这一问题就根本不会产生，所以，不允许吃牌的规则更加科学。

由于不吃牌的规则相对来说更公平、更科学，因此，我认为，不允许吃牌的规定是一个进步，我赞成这一附加规定的运用，并且主张基本规则应该向这一方向改革。

（二）和牌前必须先报听

有些地方规定和牌前必须报听，否则不能和牌。报听后，除过开杠，手牌不能再变动。

和牌前必须先报听的规定要求听牌时要报听，因此，牌手如果能听牌并且决定自己要听牌，那么，就要在舍牌时报听。

（三）只能自摸和牌

有少数地方规定，牌手只能通过自摸和牌，不允许食和。

在必须自摸的牌局，牌手需要注意一个问题：不要急于听牌，而要使听牌后自摸的概率相对较大。因为别人舍出来的牌自己不能食和，所以，如果听牌后待牌的数量过少，虽然早听，但却很难自摸成和。例如：

| A
1 | A
2 | A
3 | B
1 | B
2 | B
3 | 三饼 | 三饼 | 三饼 | 四饼 | 四饼 | 五饼 | 八饼 | 九饼 |

在允许食和的牌局，如果在一盘的早期，这样的牌完全可以听牌。但如果在只能自摸的牌局，这样的牌却不一定非要急于听牌不可。因为，如果听牌，只能听边七饼，很难自摸。而如果不听牌，先舍出九饼，等揭上来一张二三四五六饼后，听口将非常宽，极易自摸。当然，舍出九饼后，如果后面揭进七万，形成七八饼待六九饼的听口，也可以报听。

四、计　番

在计番的牌局，牌手和牌时，如果手牌具有符合预先规定的一些特征，那么，在算分时有一定的加分，这些特征就叫"番种"，这些番种的加分就叫"番分"或"番值"。当然，所有番种的分值均只在和牌成立的前提下才能生效。

番种的出现，进一步丰富了麻将的内涵，使打麻将游戏的趣味更加浓厚。

由于麻将牌的组合方式非常之多，因此，从理论上讲，麻将的番种数量也是非常之多的。从实践上讲，伴随着麻将游戏的发展，其番种的花样越来越多，许多番种有着鲜明的中国文化特色和美学意韵，可谓多姿多彩、缤纷绚丽！

虽然从理论上讲麻将牌的番种可以特别多，但在实践中，不可能给所有的组牌形式都设立番种。为了科学地设置番种，应该坚持这么几个原则：

第一，番种类型不宜过多。如果番种类型过多，过于复杂，人们记起来会很难，大脑的负担会很重，打麻将时会显得特别累，那样会大大降低打麻将的娱乐性。番种类型较少，人们记起来比较容易，有利于牌手自由发挥。

第二，番种要体现技巧性。应当保留那些技巧性强、偶然性小的番种，去除没有积极意义，甚至有相当大干扰的番种。

第三，番种的定名要科学。科学的番名易懂、易记、易操作。

在计番的牌局，根据成牌时的不同特殊情况，和牌者的得分可以高出基分若干倍。但在不同的牌局，人们对番种规定的分值不尽相同。实践中，关于番种分值大小的设定，人们的争议也一直很大。我认为，科学地设置番分大小，应该坚持以下三个原则：

第一，番种分值的大小应当与其出现的概率成反比。某一番种出现的概率越大，牌手越容易打成，其番分就应该越小；某一番种出现的概率越小，牌手越难以打成，其番分就应该越大。

第二，番种分值的大小应该重技巧、轻运气。打麻将时，技巧性越高、偶然性越低，游戏才越公平，因此，在设计番种分值时，要注意尽量排除或降低运气的因素，以成牌的难度大小为基准确定番分。传统麻将中，有的番种分值很高，但其成功依靠运气的成分非常大，技术含量很低，这不合理。比如，"天和"、"海底捞月"等番种几乎完全取决于运气，但许多牌局都规定其分值较高，这就不合理。

第三，各番种分值之间的比例要科学合理，比较协调。首先，番值级别不宜过多。番值级别过多会给牌手增加记忆和思考的负担。其次，番种之间的值差不宜过大。番种之间差值过大，尤其是个别番种的分值过高时，有可能获得大番的人可以凭借一盘的运气奠定整局的胜利，使他人没有转败为胜的机会，这既不公平，也不合理，不符合游戏精神。

有些番种之间存在某些联系，因此，计算番种时，必须按一定的原则进行统计。一般地，算番种时，如果各个番种之间无必然联系，就可以累加计分。如果番种之间出现联系，一般情况下，要按如下原则计算番分：

第一，不重复原则。由于组牌的条件所决定，当某个番种成立时，必然并存着其他番种，则其他番种不重复计分。

第二，不拆移原则。确定一个番种后，不能将其自身再拆开互相组成新的番种计分。

第三，不得相同原则。凡已组合过某一番种的牌，不能再同其他一模牌组成相同的番种计分。

第四，就高不就低原则。两模以上的牌，有可能组成两个以上的番种，而只能选其中一种计分时，可选择分高的番种计分。

第五，套算一次原则。如有尚未组合过的一模牌，只可同已组合过的相应一模牌套算一次。

在计番的打法中，关于番数高低的限制问题，有两个方面的规定。

一是有没有底分的限制，即有没有最低番数的限制。有的地方不限制底分，可以以任何番种和牌。而有的地方规定必须达到一定的底分才能和牌，在和牌时，牌手必须计算番分是否达到底分，否则不能和牌，甚至要算诈和。我认为，规定底分的限制过死，应该反对这种规定，在计番时，不要规定底分，即无底分。

二是有没有最高分的限制，即番数封不封顶的限制。有的地方规定，当番数超过一定的数量时，就封顶，不再计更多的番分。达到规定的最高番数，叫"满贯"。有的地方没有这一限制，对番数不封顶。我认为，限制最高番数的打法对超过满贯分数的牌不公平，应该反对这种规定，在计番时，不要规定满贯分值，即不封顶。

在麻将牌的所有打法中，计番的打法对牌技的要求最复杂、最全面，其行牌过程最多变、最微妙，显得跌宕起伏、奥妙无穷！

五、带 混

有些地方在打麻将时，按照某种规则规定某些牌或某种牌是万能牌——可以代替任何牌。人们把万能牌叫"混子"，简称为"混"，也叫"绘"、"百搭"、"听用"、"停用"、"仙牌"等等。这种带万能牌的打法就叫"带混"。

虽然混可以代替任何牌，但一般只允许混在和牌时代替其他牌，而不允许用混代替其他牌要牌。比如，不能用一张混和一张四饼碰四饼，也不允许吃进上家的二三五六饼。有的地方允许混代替其他牌要牌，甚至还允许在后面用混所代替的牌替换出混。比如，用一张混和一张八条吃进七条，落地牌为七八条和一张混，后面可以用手中的六条或九条替换出落地的混，使混可以重新代替所有的任何牌。

带混的打法，由于有一些牌是万能牌，因此，听牌速度较快，组牌更加灵活，听牌可以更宽，这能够增加一些趣味性，使人动脑的机会增多。而且，带混的打法荒牌的机会相对更少，因此，也能节约一些时间。但是，带混的打法会使打牌的运气成分提高，如果某位牌手运气好，起到的混多，其赢牌、赢多的可能性显然要大很多，这就使技巧在游戏中起的作用降低了一些。综其利弊，总的来说，我反对这种打法。

另外，个别地方还规定配牌时每位牌手最后都少配一张牌，而每位牌手都有一张不是实物但却能代替任何牌的万能牌。人们把这种不是实物的万能牌俗称为"心中想"，即心中想它是什么，它就可以是什么。其实，这是一种变相的带混打法，它等于给每个人都"赠送"了一张万能牌，人们把这种打法叫"影子百搭"。影子百搭比实物的万能牌要公平许多。

带混的打法，由于混是万能牌，因此，如何更好地运用混的技巧很重要，牌手要善于用混。

六、缀 子

"缀子"是指打牌时必须达到的特殊要求。在我国的一些地方，有打缀子的传统。

由于定义缀子相对随意，因此，在打缀子的地方，新的缀子在不断创设，层出不穷。在庞杂的缀子中，一些缀子蕴含着深刻的文化内涵，一些缀子具有浓厚的地方特色，可谓千姿百态、异彩纷呈！缀子的打法体现了打麻将的个性特点，能够增加打麻将的趣味，使打麻将变得更加生动活泼。

缀子的实质是在一定程度上改变了成牌条件和行牌规则。多数缀子对成牌或行牌有所限制，比如，缺门、不吃；少数缀子对成牌或行牌有所放宽，比如，字牌幺九成模或吃、碰海底；还有个别缀子对成牌或行牌只是有所改变，既谈不上限制,也谈不上放宽,比如,四对两模、倒序吃牌。

在打缀子的地方,一般由庄家规定缀子。规定缀子俗称为"下缀子"。很多地方还同时规定,凡庄家下缀子,必须加注。

打缀子时,从理论上讲,可以任意规定成牌的特殊要求,但是,必须注意两个问题。第一,任何缀子,原则上都要使每个人有条件成牌,即某一位牌手成牌时在理论上不能排除其他三位牌手成牌。因为,如果只能有一位或部分牌手成牌,其他牌手没有可能成牌,那么,对没有希望成牌的人来说,打牌就没有了动力,那就失去了打牌的趣味性,这有违游戏的本来意义。比如,如果缀子要求成牌时必须有某一种暗坎甚至某两种、多种暗坎,那就不可能有两个以上的人有条件成牌。对于这类缀子,我强烈反对,本书也不举这样的例子。第二,缀子要公平。任何缀子,应该对各家利弊相同,即对大家要公平。现实中,不公平的缀子是指对庄家有利而对旁家不利的缀子。明显不公平的缀子旁家肯定能看出来。比如,民间曾经有过"跟庄走,打幺九"的缀子,它要求庄家在开局阶段未舍中张数牌前,凡舍出字幺九后,旁家必须跟着也舍字幺九,否则,旁家就失去和牌的权利,这显然对旁家不公平。这类缀子已经没有市场了。有的缀子看似公平,其实对庄家更有利。比如,定义多种万能牌的缀子,由于庄家配牌多一张,先和的概率比旁家要大得多,甚至很可能天和。随着打牌次数的增加,大家对这类缀子也有了清醒的认识,一般也会反对。有的缀子比较隐蔽,但庄家还是明显占有优势。比如,"立牌不舍"的缀子,由于庄家配牌时多一张,因此,对庄家有利。很多人对这类缀子认识不够深刻,流行打缀子的许多地方，还经常在打这类缀子。

有所有缀子中，大多数缀子都需要依赖运气，这会使技巧性降低。

在经常打缀子的地方，由于牌手素质的差异和实践的多少，一些牌手在打缀子时，会形成自己的爱好，并有自己的擅长。由于很多牌局都规定每庄的缀子由庄家下，因此，庄家往往会下自己爱好或擅长的缀子。利用自己擅长的缀子取胜成了打缀子的一种策略。

在实践中，打缀子时，就不计番、不带混。但是，在打缀子时，通常的多数番种都可以被庄家定成缀子，带混也可以被庄家定成缀子。只不过，在计番的打法中，任意一盘，牌手可以打任意的番种，而在缀子的打法中，庄家定下来缀子后，牌手只能按照庄家所定缀子的要求和牌。在带混的打法中，任意一盘，都是按某种规则选定混的，而在缀子的打法中，庄家可以随意选定混。

第二章 应敌方略

打麻将时，对每一位牌手来说，其他三个人都是自己的敌人，但是，第一，相对位置关系不同的牌手之间形成的利害关系不同；第二，不同的人赢牌后得分的大小可能不同；第三，不同牌手的打法偏好和水平高低往往不同，因此，对付不同的敌人，牌手应该制定不同的策略，采取不同的打法。

第一节 如何应对位置关系不同的人

由于行牌顺序不同，坐在不同位置的人与自己形成的相对位置关系不同，因此，对不同位置的敌人，要区别对待。

一、我与不同位置敌人的关系

打麻将时，从相对位置关系的角度讲，对家之间的关系不如上下家之间的关系紧密。

首先，从对下家控制吃牌的角度看我与上下家的关系。牌手只能吃上家舍出的牌，因此，我能否吃到牌受上家的控制，而我又对下家能否吃到牌起着决定性的作用。容易吃到上家的牌，我的牌姿进展就会很快；不易吃到上家的牌，我的牌姿进

第二章 应敌方略

展就会很慢。我对下家控制得严，下家就不易吃到我的牌，其牌姿进展就会很慢；我对下家控制得松，下家就容易吃到我的牌，其牌姿进展就会很快。

其次，从是否喜欢碰牌的角度看我与上下家的关系。上家碰牌后舍出的牌如果无人要，就轮到其下家揭牌，因此，我揭牌次数增加的可能性大小与上家是否喜欢碰牌有很大关系，我是否喜欢碰牌与下家揭牌次数增加的可能性大小有很大关系。如果上家偏好碰牌，我揭牌次数增多的可能性就大；如果上家不偏好碰牌，我揭牌次数增多的可能性就小。如果我偏好碰牌，下家增加揭牌次数的可能性就大；如果我不偏好碰牌，下家增加揭牌次数的可能性就小。另外，我喜欢碰牌的话，当碰的是对家或下家的牌时，上家往往就会减少揭牌次数；下家喜欢碰牌的话，当碰的是上家或对家的牌时，我往往就会减少揭牌次数。

再次，从是否容易舍出生牌的角度看我与上下家的关系。上家舍出的牌如果被人碰走或杠走，当巡，其下家就会被隔空、减少揭牌次数，而被人碰走的牌多是生牌，因此，我揭牌次数减少的可能性大小与上家是否容易舍出生牌有很大关系，下家揭牌次数减少的可能性大小与我是否容易舍出生牌有很大关系。如果上家好舍生牌，所舍之牌被人碰走、杠走的可能性就大，我减少揭牌次数的可能性也就大；如果上家不好舍生牌，所舍之牌被人碰走、杠走的可能性小，我减少揭牌次数的可能性也就小。如果我好舍生牌，所舍之牌被人碰走、杠走的可能性就大，下家减少揭牌次数的可能性也就大；如果我不好舍生牌，所舍之牌被人碰走、杠走的可能性就小，下家减少揭牌次数的可能性也就小。

最后，从是否喜好自摸的角度看我与上下家的关系。有的人听牌后喜好自摸，因之常常会放弃上家舍出的炮牌，因此，上家放炮次数减少的可能性大小与我是否喜好自摸关系重大，我放炮次数减少的可能性大小与下家是否喜好自摸关系重大。如果我喜好自摸，上家舍出我的待牌后我弃和，就会减少上家放炮的次数；如果我不喜好自摸，上家舍出我的待牌后我不弃和，就不会减少上家放炮的次数。如果下家喜好自摸，我舍出下家的待牌后下家弃和，就会减少我放炮的次数；如果下家不喜好自摸，我舍出下家的待牌后下家不弃和，就不会减少我放炮的次数。另外，如果上家甚至对家喜好自摸，当他放弃了其上家舍出的待牌，而我跟牌时，很有可能他会食和；如果我喜欢好自摸，当我放弃了上家甚至对家舍出的待牌，而下家跟牌时，很有可能我会食和。

二、应对不同位置敌人的策略

根据其他三位牌手与我形成的相对位置关系，我应该因地制宜，制定出相应的对策。

（一）针对上家的策略

从对我的影响程度上来讲，上家对我的影响最大，因此，我要花费很大精力，应对上家。

1. 从吃牌的角度讲，如何应对上家

我吃牌只能靠上家，因此，拆牌时，要根据上家对我吃牌控制的严格程度来选择如何拆牌。如果上家控制得较严，我吃

牌不易，当拆对子和搭子的利弊差不多时，应该考虑留对子、拆搭子，因为搭子不容易吃进成顺，相对来说，就不如对子容易成模。如果上家控制得不严，我吃牌相对容易，当拆对子和搭子的利弊差不多时，应该考虑拆对子、留搭子，因为搭子容易吃进成顺，相对来说，就比对子容易成模。

2. 从是否喜欢碰牌的角度讲，如何应对上家

上家是否喜欢碰牌，关系到我能否多揭牌，因此，要根据上家是否喜欢碰牌来选择谨慎程度。如果上家喜好碰牌，那我揭牌的机会就较多，这样，我就应该适当开放一些。比如，当打急与打宽发生矛盾时，由于可能会多一些揭牌机会，就应该把牌往宽的方向打。如果上家不喜好碰牌，那我揭牌的机会就较少，这样，我就应该适当保守一些。比如，当打急与打宽发生矛盾时，由于可能没有更多的揭牌机会，就应该把牌往急的方向打。

3. 从是否容易舍生牌的角度讲，如何应对上家

上家舍出的牌如果被人碰走，那么，我就会被隔空，减少揭牌次数，因此，要根据上家是否容易舍生牌决定我扣生牌的松紧程度。如果上家容易舍生牌，那么，为了不让下两家因为碰上家的牌而隔空我，我就要适当勇于舍生牌。我先舍出下两家求碰的生牌，如果下两家碰牌，就不但可以避免上家先舍出这种牌而隔空我，而且还会给我赶牌。

4. 从是否喜好自摸的角度讲，如何应对上家

如果上家喜好自摸，他常常会放弃食和其上家甚至对家舍出的待牌，而对我舍出的待牌食和的可能性大，这样，我在跟

牌时就要小心，不要以为跟别人的牌就安全。

（二）针对下家的策略

从对他人影响的程度上来讲，我对下家的影响最大，因此，我要花费很大精力，制约下家。

1. 从吃牌的角度讲，如何制约下家

下家吃牌靠我，所以，从吃牌的角度讲，制约下家的策略就是：跟下家的牌，舍下家吃进可能性小的牌，尽量不让下家吃牌，或者推迟下家吃进牌的时间。

2. 从是否喜欢碰牌的角度讲，如何制约下家

下家是否喜欢碰牌，关系到我会不会少揭牌。因此，从碰牌的角度讲，如果下家喜好碰牌，那么，我就要早舍生牌。如果我舍的生牌是下家的对子，他可能就会碰出，这样，他人再舍这种牌时，我的下家就碰不了了，能减少隔空我的次数。

3. 从是否容易舍生牌的角度讲，如何制约下家

为了制约下家多揭牌，我可以多舍生牌，提高他人碰牌的可能性，隔空下家。

4. 从是否喜好自摸的角度讲，如何制约下家

如果下家不喜好自摸，我舍出的牌他容易食和，那么，为了减少放炮的次数，我就要注意在危险时慎舍生张，多跟牌。

(三) 针对对家的策略

对家与自己的关系较远，相互之间的影响相对较小，两家都较难控制对方，但也有一些办法可以影响到对家。

1. 从吃牌的角度讲，如何影响对家

对家既吃不到我的牌，我也吃不到对家的牌，因此，从吃牌的角度讲，我无法直接影响到对家。如果要影响对家，只有采取间接的办法，那就是，对下家严格控制，以降低下家的牌姿级别，使下家推迟舍生牌的时间，以此间接控制其下家，即我的对家吃牌。

2. 从碰牌的角度讲，如何影响对家

从碰牌的角度可以直接影响对家。当下家舍出牌后，我可以通过碰牌的办法隔空对家，减少其揭牌次数。

第二节　如何应对得分大小不同的人

打麻将是四个人各自单打独斗，对每一位牌手来说，其他三个人都是自己的敌人，但是，在很多情况下，三个敌人获胜后我的失分常常是不一样的，甚至相差很大。所以，虽然其他三个人都是我的敌人，但他们对我的危害程度不同。我们在打牌时，首先要分清敌人的大小，然后，根据这一情况采取不同的战略战术。

一、输给不同得分敌人的损失

打麻将时，牌手得分的高低往往取决于以下几个方面：

一是，是否庄家。很多牌局都规定庄家的得分多，旁家的得分少。

二是，是否有杠。很多牌局都规定，有杠的牌手获胜后，杠要加分，因此，有杠时得分就比无杠时多。

三是，是否大番。在做番的牌局，大番的得分多，小番的得分少。

四是，是否加注。牌手如果加注，其得分就比不加注要多。

根据以上几种情况，牌手就能算出输给不同敌人的失分多少，以确定敌人的大小，尤其是：谁是最大的敌人，谁是最小的敌人。

二、应对不同得分敌人的策略

如果不同敌人获胜后我的失分多少不同，那么，我就应该针对他们制定不同的战略战术。

（一）兼防三家

虽然有时不同的敌人获胜后我失分多少不同，但毕竟他们都是敌人，无论谁赢我，哪怕最小的敌人赢我，我都要失分，因此，如果能够兼防三家，最好就兼防三家。

(二) 以得分高的敌人为重点防守对象

得分高的敌人赢了我后，我失分最多，因此，一般情况下，要重点防得分高的敌人，尽量不要让得分高的敌人赢我。

(三) 可以与得分低者结成同盟，共同对付得分高的人

打麻将游戏是每一个人与另外三个人斗，对每一位牌手来说，其他三个人都是自己的敌人。但是，如果某家的分值皆高于其他三家，那么，这三家都会把得分高的一家作为重点防守对象，因此，有时，得分低的三位牌手会在一定程度上形成联盟，进行一定程度的配合，共同对付大敌。比如，庄家坐庄时，三位旁家往往会在一定程度上结成同盟。再如，有人加注后，没有加注的人往往会结成同盟。

(四) 当得分高的敌人牌很好时，甚至可以给得分低的敌人供牌放炮，以求少失分

特殊情况下，如果得分高的人牌很好，随时有和牌的可能，形势非常紧迫，那么，牌手可以不防小敌，甚至可以专门给得分低者喂牌，让得分低的牌手先和牌。必要时甚至要专门给得分低者放炮，以求少失分。

第三节　如何应对谨慎程度不同的人

打麻将时，如果能够兼顾进攻和防守，那最好，但在实战中，进攻与防守常常不能兼顾。对进攻有利的打法，往往对防守不利；对防守有利的打法，往往对进攻不利。当攻防不能兼顾时，是侧重于防守，还是侧重于进攻，主要反映在一个人的谨慎程度上。打牌侧重于防守的人，其打法相对保守；打牌侧重于进攻的人，其打法相对开放。

一、分析牌手谨慎程度对牌局的影响

不同的牌手在谨慎程度上往往会形成自己的风格。反映在打法上，谨慎程度不同的牌手打法不一样。打牌保守的人，防守得严密，但自己的进攻会受到影响；打牌开放的人，进攻得迅速，但容易给他人供牌放炮。

四位牌手的谨慎程度会影响牌局的总体状况。比如，大家都保守，都不肯给他人供牌放炮，那么，整个牌局进展就会较慢。大家都开放，每个人要牌和牌都容易，那么，整个牌局进展就会较快。

说牌手的谨慎程度，首先是指一种偏好，即主观上，一个人习惯偏开放还是偏保守。其次，当时的牌情会对牌手的谨慎程度有影响。最后，一场游戏的不同阶段也会对牌手产生一定的影响。

主观上，决定牌手谨慎程度的因素主要有两个方面。

一是胆子大小。有的人打牌非常胆小，宁可放弃进攻甚至放弃和牌，也坚决不冒险，这是保守型牌手。有的人打牌较为胆大，为了和牌，哪怕冒很大风险也敢于进攻，这是开放型牌手。

二是贪心不同。有的人贪大，不喜欢小和，常常会专等自摸，以求得分较高，在计番的牌局，他们往往喜欢朝着大番的方向努力。有的人不贪大，能和即和，很少专求自摸，也不喜欢专门做大番。

实战中，当时的牌情对牌手的谨慎程度常常有重大影响。主要影响因素有两个方面。

一是己牌好坏。手牌较好时，牌手往往会以进攻为主，打得比较开放；手牌较差时，牌手往往会以防御为主，打得比较保守。

二是敌牌好坏。敌牌较好时，牌手往往会以防御为主，打牌会相对保守一些；敌牌较差时，牌手往往会以进攻为主，打牌会相对开放一些。

在一场游戏的不同阶段，牌手输赢的情况也往往会对牌手的谨慎程度产生一定的影响。在一场游戏的早期，牌手往往会相对更加开放，因为这时大家的得失分都很少，牌手为了求高分，往往会进攻，所以，会相对开放一些。在一场游戏的后场，牌手输赢的情况往往对他们的谨慎程度影响很大。多数情况下，赢的人往往会趋向于保守，以保存胜利果实；输的人往往会铤而走险，企图最后一搏。当然，也有少数人会在赢时更加大胆，想赢更多；在输时会更加谨慎，以求少输。

二、在敌不同谨慎程度下采取的打法

牌手的谨慎程度不同会对牌局的总体局势及具体情况造成

一定的影响，所以，与谨慎程度情况不同的人打牌，牌手要相应地调整自己的战略战术。

（一）与三位都开放的牌手打牌时，要更加保守一些

打牌开放的牌手容易放炮。如果三位对手都开放，那么，自己在打法上要相对保守一些。保守一些，放炮的可能性会很小，总体来说失分就会很少，最终，自己很可能会因为放炮少而获胜。

（二）与三位都保守的牌手打牌时，要相对开放一些

打牌保守的牌手往往会因为顾忌供牌放炮而放弃和牌或使自己的牌姿进展受到影响。如果三位牌手都保守，那么，自己在打法上要相对开放一些。

我们分析一下开放型的牌手与三位保守型的牌手打牌时的好处。

第一，保守的牌手舍牌谨慎，这就放慢了他们各自进展的速度。开放的牌手打牌顾忌少，以自己为主，因此，牌姿进展的速度不会受到影响。相比之下，开放的牌手牌姿进展速度就会比三位保守的对手快。

第二，保守的牌手牌姿进展往往缓慢，有时甚至还会放弃听牌，这种情况下，开放的牌手虽然舍牌很大胆，但保守的牌手也往往要不上他舍出来的牌，因此，即使保守的牌手在进攻，开放的牌手也难从保守的牌手舍牌上得到好处。

第三，如果开放的牌手先听牌，三位保守的牌手往往会为了不放炮而留下较多的生牌，这可能会影响到他们进攻，甚至

他们会放弃进攻。而且，由于保守的牌手不放炮，他们又因为进攻保守而常常不能先和牌，这最终常常会导致开放的牌手自摸成和，赢分更多。

所以，如果三位对手都比较保守，那么，自己就可以相对开放一些。

实战中，我们有时会看到三位水平很高的牌手打不过水平较低的牌手的情况。这种情况的产生可能有运气的因素，但可能也有如下原因：三位高手为了防给他人供牌点炮，顾忌较多，在打法上相对保守一些；低手基本上不顾忌给他人供牌点炮，打法开放。这样，事实上就成了三位保守的高手与一位开放的低手打牌。因为与三位都保守的对手打牌时，开放的牌手得利较多，所以，虽然低手水平低，但得利却多。如此分析，三位高手打不过一位低手就不奇怪了。这种现象也从事实上证明了与三位保守的人打牌时，适当开放一些是上策。

（三）与谨慎程度参差不齐的三位牌手打牌时，要比最开放的人保守，比最保守的人开放

当三位牌手谨慎程度不同时，牌手可以采取居中的谨慎程度，比最开放的人保守，比最保守的人开放。

牌场上有最开放的人，他放炮的可能性就最大，因此，自己不必过于谨慎。如果自己非常谨慎，往往会错失和牌机会。但是，自己也不能过于开放，过于开放，放炮的可能性就会很大。所以，与三位谨慎程度不同的人打牌时，自己在谨慎程度上要调整为三位牌手的中间状态。

第三章 基本常识

打麻将时，牌手常常，甚至时时要用到麻将的基本常识。打麻将的原理虽然简单，但其基本常识的内容既十分广泛，又非常深刻，因此，牌手必须全面、深切掌握打麻将的基本常识。

第一节 识别单牌的价值

打麻将时，各种牌的价值决定了它们的地位，价值大小不同，地位就不一样。单牌的价值主要体现在两个方面，一是进攻时对自己组牌有利的程度，二是防守中是否容易给敌供牌放炮。

一、联络组牌能力

麻将牌中，有些牌的组牌能力强，有些牌的组牌能力弱。在组牌时，牌手要根据牌的组牌能力决策如何取舍。

需要注意的是，我们这里讲的组牌能力大小是指打基本牌型时，打巧七对、全不靠、字幺九等特殊牌型时，各牌的组牌能力有一定的特殊性。

（一）单张牌的组牌能力

按组牌能力大小，我们可以将牌的组牌能力分四个级别。

1. 中心牌

数牌中的三四五六七都各能与自身或相邻的 4 种牌组牌，因此，组牌能力最强。

2. 二八牌

数牌中的二八牌可与本身或相邻的一三四、九七六组牌，因此，组牌能力较强。

3. 幺九牌

数牌中的幺九牌只能与本身或相邻的二三、八七组牌，而且，所组成坯子的待牌必定只有一种，因此，组牌能力较差。

4. 字牌

字牌只能与同种牌组成对子或者坎子、杠子，再无别的组牌能力，因此，组牌能力最差。

（二）组牌能力综合排序

通过以上分析，我们知道，从单牌的组牌能力大小上讲，数牌中三到七的中心牌组牌能力最强。如果再进一步分析三到七这几种牌，我们可以看出，由于中心五既易与三七形成三夹二复合搭子，又易与一三或七九形成三夹二复合搭子，因此，它的组牌能力最强。而三七牌也容易与七或三形成三七两张孤牌，这样的两张孤牌联合组牌能力最强，因此，三七牌比四六牌要强一些。所以，如果我们把所有的牌按综合组牌能力进行排序的话，应该是：组牌能力最强的是五，其次是三七，其次是四六，其次是二八，其次是幺九，最后是字牌。

（三）组牌能力大小会随实际牌情发生变化

从理论上讲，组牌能力的大小顺序是五、三七、四六、二八、幺九、字牌，但在实战中，由于各牌的联络牌会逐渐被大家舍出或在手中用上，因此，各牌的组牌能力会随实际牌情发生一些变化。比如，三万的组牌能力强于二饼，但如果三万的联络牌一二四五万被大家舍下了许多，那它的组牌能力可能就不如二饼的强了。再如，九条的组牌能力强于字牌，但如果七八条已经各被舍下了三四张，九条本身也已被舍下了两三张，那它组牌能力就可能不如有的字牌强了。

二、供牌放炮可能

从组牌的角度讲，价值越大的牌对自己越有利，但是，由于这些牌对别人组牌也有利，因此，从供牌放炮的角度讲，组牌价值越大的牌也越容易放炮。这样，牌手在留牌时就要注意处理好进攻与防守的关系，把对自己用处不大，但组牌能力强的牌适时舍出，以避免后面切舍时给他人供牌放炮。

下面，我们仅分析一下在待牌为两种以内的基本待牌类型中，各类牌放炮的可能性大小，待牌种类越多，它们之间的差距越大。

筋心牌四五六放炮的可能性最大。我们以四为例分析。能食和四的待牌类型有：二三两边上、五六两边上、三五夹张上、包括四四的两对倒、一二三四两头钓将、四五六七两头钓将、四单钓将，共7种。而且，在筋线牌中，凡能食和其筋线牌一七的两边上和两头钓将，都能食和四。

三七放炮的可能相对稍小。我们以三为例分析。能食和三的待牌类型有：四五两边上、二四夹张上、一二边张上、包括三三的两对倒、三四五六两头钓将、三单钓将，共6种。能食和三七的待牌种类不但比筋心牌四五六少1种，而且，由于一二或八九搭子是边张上，只能和一种牌，因此，人们在组牌时往往会避免听这种口子。这样，实际上，待牌三七的情况要比筋心牌四五六少更多。

二八放炮的可能性较小。我们以二为例分析。能食和二的待牌类型有：三四两边上、一三夹张上、包括二二的两对倒、二三四五两头钓将、二单钓将，共5种。

幺九放炮的可能性更小。我们以一为例分析。能食和一的待牌类型有：二三两边上、包括一一的两对倒、一二三四两头钓将、一单钓将，共4种。

字牌放炮的可能性最小。能食和字牌的待牌类型只有两对倒和单钓将2种。

所以，排除其他因素，仅从待牌类型的角度讲，筋心牌四五六最易放炮，三七牌放炮的可能性降低了一点，其次为二八牌和幺九牌，字牌放炮的可能性最小。

当然，在实战中，随着一盘牌情的发展变化，各牌的供牌放炮可能也会发生一些变化，这需要牌手根据实际情况决策舍牌的时机。

三、处置各牌方法

由于各类牌的地位价值不同，因此，在处置这些牌时，要综合考虑进攻与防守两个方面，并结合实际牌情的发展变化，灵活取舍。

（一）字 牌

字牌的联络能力最差，因此，很多情况下，在开局之初的3到5巡内，大家多会舍多余的生张字牌，如果未出，往往会扣较长时间，可能会等到后面牌姿较好或者很好，是一入听甚至听牌时才出。所以，对于字牌，牌手要注意以下两点：

第一，如果开局之初某种字牌没有人舍出，其成对、成坎的可能性很大，拿单牌的人要注意。

第二，如果自己拿了字牌对子，一直没有人舍，拆不拆呢？我主张，一般情况下不要轻易拆字牌对子。字牌对子碰不出来的原因有三种：一是有人扣住了单张字牌，这种情况最多；二是其他人也把这种字牌揭成了对子，这种情况也较多；三是其余2张字牌都在后面的牌墙中，这种情况较少。无论是这三种情况中的哪一种，拆字牌对子都不好。第一种情况下，当他人手牌得到进展后，往往会舍出字牌，虽然晚了一点，但我留着还是能碰出来的。如果我忍不住拆了字牌对子，常常会出现我前脚拆出，后脚就会有人跟着舍出的糟糕现象。第二种情况下，我拆了字牌对子会供他人碰牌，对他人牌姿进展有利。如果我不拆，而他人忍不住拆了，我还能碰出。第三种情况下，他人后面揭到如果不扣，我就能碰出，而且，我还有可能揭上来。因此，一般情况下，牌手尽量不要拆字牌对子。

(二) 幺九

幺九牌的联络能力比其他数牌都差，因此，在前半场，幺九牌极易被大家舍出来。一般情况下，当牌手的字牌舍完或仅留个别张保险牌时，牌手就会考虑舍幺九牌。如果到中后场还没有人舍出某种幺九牌，那么，它多是被人拿成对子甚至暗坎了。

牌手在进攻和防御时，要根据幺九牌的具体情况做出正确的决策。

进攻时，如果对搭组合中有幺九对子，当要舍出一张牌时，如何拆舍？比如，自己已有三模牌，有一对将，听牌时，要在一一二万中选择舍一张牌，那么，是舍二万听一万和别的对子形成的两对倒呢，还是舍一万而听边三万呢？如果判断他人拿成一万对子的可能性大，在进攻时，要舍出一万，听边三万。因为一万被人拿成了对子，我不可能揭上来，别人一般也不会拆舍，这会使我的待牌减少2张，那就不如听待牌有4张的边三万。

防给敌放炮时，如果要在一四或六九中选择舍一张牌，该舍哪一张呢？例如，牌局中后场，要从一二三四或六七八九的四连牌中舍一张牌，或者要从一二四或六八九的延长搭子中舍一张牌，这两种情况下，是舍幺九呢，还是舍四六？如果幺九是生张，在牌局后场，幺九可能反而比四六更危险，因为敌人有可能手中有幺九对子，在听对倒，也有可能有的牌手听单钓幺九。

（三）二 八

二八牌的联络能力属于中等。一般情况下，随着牌局的进展，到中期以后，二八牌会被大量舍出。这时，有二八对子就容易碰出了，听二八的口子也较易食和。常打麻将的人都有这个感觉，当所听的牌含有二八口子时，相对较易和出。到了后场，听二八甚至比听幺九还容易成和。古牌谱上说："二八无用不宜留。"是有一定道理的。

（四）三 七

三七牌的组牌能力很强，而且其地位特殊，因此，牌手在处理三七牌时要慎重。

进攻时，留下三七牌容易组成搭子，组成搭子后，也容易吃进、食和。组牌时，虽然数牌中的三四五六七都属于中心牌，但是，如果要给孤张靠搭，留下四五六不如留下三七。因为，虽然三七与四五六的联络能力一样强，但是，一旦三七与其邻牌或隔牌组成搭子，其待牌中，有幺九牌和二八牌的概率大，而幺九与二八牌别人极易舍出，我食和容易。例如，三与其附近牌可以组成搭子：一三、二三、三四、三五，除过三五搭子的待牌是夹四外，其余三个搭子的待牌中，都有一或二，易食和。

三七牌的价值大，当然对敌人的用处也大，因此，防守时，要注意慎舍三七牌。

由于三七牌的这些特点，因此，人们常说："金三银七"，古牌谱上说："金三银七勿轻舍"，非常有道理。

(五) 四五六

筋心牌四五六的组牌能力最强,在一盘的前场,大家舍四五六相对较少。到后场,四五六放炮的可能性很大。因此,处理四五六最好的办法就是:在前半场,要本着有用的留下,无用的早舍的原则处理;到后场,要注意跟熟舍出。

第二节 知晓数牌的关系

在数牌中,同门一些数牌之间会形成一定的关系,打麻将时,牌手要知道这些基本关系。

一、对称牌

数牌中,以五为中心,与五距离相同的两张牌形成了对称牌。共有四组对称牌:四六、三七、二八、幺九。在每一组对称牌中,两张牌的地位是相同的。当然,我们也可以认为五的对称牌是其本身。

从理论上研究单牌情况时,由于对称牌的情况完全相同,因此,研究明白了一种牌的情况,其对称牌的情况也就明白了。

进一步扩展这个理论,也可以有对称牌群。如果两个牌群之间的所有牌都刚好两两对称,那么,这两个牌群就是对称牌群。或者,把一个牌群的每张牌都换成其对称牌,那么,换过后的牌群就是换之前牌群的对称牌群。这样，从理论上分析牌群情况时，分析清楚了某一牌群的情况，其对称牌群的情况也就清楚了。

绝大多数人都懂得对称牌的道理，处理有关对称牌的情况时也比较科学。但也有少数人不懂得对称牌的道理，他们处理数牌时有喜好或厌恶大牌或小牌的倾向。有这一倾向的人，对他们来说，是错误的；对我们来说，要利用他们这一偏好，选择对自己更有利的打法。

二、筋线牌

从两边上或三边上的待牌关系上讲，或从两头钓将或三头钓将的待牌关系上讲，数牌中的一些牌形成了筋线牌的关系。具体地说，同门数牌中的一四七、二五八、三六九各自的三种牌互为筋线牌。例如，二三搭子形成的两边上，待牌为筋线牌一四；五六七八形成的两头钓将，待牌为筋线牌五八；四五六七八形成的三边上，待牌为筋线牌三六九。

筋线牌理论对于打麻将具有很重要的意义。

从防守的角度讲，筋线牌是判断某种数牌是否安全的重要依据。由于相邻的筋线牌同为某一两边搭子或四连牌两头钓将的待牌，因此，筋线牌往往同安全同危险。这样，从安全的角度考虑，牌手常常会跟舍筋线牌。例如，六安全，说明敌所听之牌不会是四五搭子形成的两边上或三四五六形成的两头钓将，因此，跟舍其筋线牌三比较安全。

从进攻的角度讲，筋线牌是勾牌的重要手段。由于牌手会跟着筋线牌舍牌，因此，勾牌时，如果需要某牌，就可以用其筋线牌，尤其是用相邻的筋线牌勾。例如，需要碰九条，可以舍出六条来勾。再如，需要食和二饼，可以舍出五饼来勾。

三、单双牌

同门数牌中，如果评价一些牌的联合组牌能力，往往会从单双牌的角度进行对比。当需要靠牌时，在同一门数牌中，如果有两张孤牌，那么，是两张单数牌好呢，还是两张双数牌好？

从待牌能力上说，在同门牌中，如果有三七两张牌，那么，上来同门任何一张牌，三七中的一张都可以与之组成搭子或对子。相比较而言，任意两张双数牌都不能保证与同门的任何牌必然组成搭子或对子。

而且，如果手中已有三七，再上来一张五，就能形成三五七的三夹二复合搭子。这样的牌型，无论上来二四六八哪张牌，都非常好。如果上来四六中的一张，就直接形成了一个顺子；如果上来二八，也能形成一个两边上的好搭子。当然，如果上来三五七，还能形成对搭组合。也就是说，三五七的牌型，如果上来 7 种 25 张牌中的任意一张，都非常好。

如果是两张双数孤牌，即使再上来一张，也不一定能形成较好的情况。比如，二六，即使上来了四，也只是形成了二四六的三夹二复合搭子。这样的牌，上来一和九没有用处，上来八也只能形成四张三夹的牌型，只有上来三五七或二四六才好，这些牌只有 6 种 21 张。

通过以上分析，我们可以得出这么一个结论：在同一门数牌中，排除边张幺九外，如果要以两个孤张为基础，最终形成一个搭子,那么,单张三七是最理想的情况,其他任何两张双数孤牌都不如三七的效果好。古牌谱上说"兜搭双不如单",其道理就在于此。

第三节 分清坯子的优劣

打麻将时,经常会遇到需要拆坯子的情况,这就要求牌手要分清坯子的优劣,留下好坯子,拆舍差坯子。

一、简单坯子

将牌的坯子是一张单牌,杠子的坯子本身是坎子,因此,研究这两种坯子的价值不大。我们这里讲的坯子是顺子和坎子的坯子——搭子和对子,它们都是由两张牌组成的。

(一) 搭 子

搭子中,有两边搭子、夹张搭子和边张搭子。

在两边搭子中,其待牌中越是包括价值小的单牌,别人越容易舍出,这些搭子越容易吃进或食和。二三和七八搭子的待牌中有幺九,因此,这是最好的搭子。当然,事情是发展变化的,在一盘的早期,二三和七八是最好的搭子,但随着牌局的进展,到了中后场,这样的搭子倒有可能较难吃进或食和。因为,在早期大家会舍出大量幺九,幺九被舍出的越多,待牌数量就越少;如果幺九一直未出现,那极有可能被人拿成对子或坎子甚至杠子了，同样会使待牌数量减少许多。所以，到了牌局后场，这样的搭子可能还不如其他两边搭子易和。三四和六七搭子中有二八，相对来说，也是相当好的搭子，尤其到牌局中后场以后，二八很容易被人舍出来。四五和五六搭子的待牌为三六、四七，都是中张牌，难以吃进食和，是两边搭子中最差的。

在夹张搭子中，其待牌价值越小，别人越容易舍出，这些搭子就越容易吃进或食和。一三和七九夹张搭子的待牌是二八，因此，相对来说，是夹张搭子中最容易吃进或食和的搭子。古牌谱上也说："夹二夹八，上好搭子。"二四和六八夹张搭子的待牌是三七，三七牌非常珍贵，牌手也容易对它进行控制，因此，相对来说，很难吃进或食和。三五和五七夹张搭子的待牌是四六，由于四六是幺九的筋线牌，大家往往会跟着幺九舍出，因此，这样的夹张搭子反而比夹三七的搭子较易吃进或食和。四六夹张搭子的待牌是五，中心五的联络价值最大，因此，相对来说，最难吃进或食和。

边张搭子只有一二、八九两类。由于其待牌是三七，因此，很难吃进或食和。尤其是在牌局的前半场，大家对三七克扣得比较紧，更难吃进或食和；到了后半场，如果四六安全，可能会有人跟着舍其筋线牌七三，那时，吃进或食和倒有可能会相对容易一些。

在三种搭子中，综合考虑，两边搭子最优，边张搭子最劣，夹张搭子居中。其原因是：两边搭子的待牌有2种8张，其待牌种类和数量都最多，所以，两边搭子比夹边张搭子好。边张搭子的待牌只有1种4张，不仅种类和数量少，而且其待牌为金三银七，别人很难舍出，因此，这种搭子是最差的搭子。夹张搭子的待牌也只有1种4张，虽然其待牌和边张搭子的种类数量相同，但是，有的夹张搭子的待牌比三七容易被人舍出，而且，夹张搭子容易转化成两边搭子，这更比边张搭子有优势，因此，它要胜于边张搭子。

（二）对　子

在对子中，单牌价值越小的对子，一般情况下，别人越容易舍出，这样的对子就越容易碰出成坎。因此，对子的优劣排序应该是：字牌对子、幺九对子、二八对子、中心牌对子。

对子的待牌虽然只有1种2张，但是，对子可以碰任意一家舍出的牌，其要牌对象的范围广，尤其是当对子为字牌或幺九对子甚至二八对子时，很容易碰出成坎。而且，两个对子的联合待牌能力与夹边张搭子相同，比如，听牌时，两对倒的待牌是2种4张，其待牌和听夹边张时的数量相同。因此，与搭子相比，对子不如两边搭子，优于边张搭子，易碰出的对子比夹张搭子强，不易碰出的对子不如夹张搭子。

二、复杂坯子

复杂坯子有两类：复合坯子和联合坯子。

有公用牌的两个坯子形成的组合，是复合坯子。复合坯子有三类，分别是延长搭子、复合搭子和对搭组合。

延长搭子有两类。一类是两边搭子与其隔牌形成的延长搭子，比如，二三五、四六七。一类是边张搭子与其隔牌形成的延长搭子，只有两种，分别是一二四、六八九。延长搭子的待牌数量没有发生变化，因此，它实质上是一个搭子和一张孤牌。由于延长搭子的待牌与延长搭子中好的孤搭子的待牌相同，因此，延长搭子是复杂坯子中最差的坯子，一般情况下，牌手如果不是为了形成更多的牌组，只想最后形成一个顺子的话，会很快舍出延长搭子中的一张牌，使之成为一个孤搭子。

复合搭子最基本的牌型就是三夹二。由于三夹二待牌种类为2个，因此，它比夹张搭子强。如果牌手想使三夹二的牌最后形成一个顺子，那么，一般情况下，留下这种牌型比夹张和边张搭子都要好。

对搭组合是对子与其邻牌或隔牌组成的复合坯子，它既可碰牌形成坎子，也能吃牌形成顺子，因此，是复合坯子中最好的坯子。

两个有联络关系的坯子或复合坯子在一起，其中两个独立坯子或复合坯子的部分牌又能形成不产生新待牌的坯子，这样的组合是"联合坯子"。联合坯子是由两个坯子或复合坯子形成的牌群。形成联合坯子的两个坯子或复合坯子的部分牌有联络关系，因此，一般地，联合坯子的变化能力较强，可使打法更加灵活一些。

三、模单组合

模单组合是由一模牌及与其联络的单牌形成的牌群，主要有两类。

（一）顺单组合

"顺单组合"即顺子与单牌的组合，分为顺子多单和顺子加单两类。

"顺子多单"是指一个顺子加上与顺子中的一张牌相同的牌形成的牌型。比如，二二三四、六七七八。

"顺子加单"是指一个顺子加上顺子一侧相邻或相隔的牌形成的牌型。比如，三四五六、三四五七。

顺单组合可以看做是两个坯子，从进攻的角度讲，这样的组合比孤立的顺子和单牌更为有利。第一，顺单组合容易使牌组扩展成一个模子和一个坯子。比如，二二三四，要形成一个模子和一个搭子，上来一二三四五都行。再如，三四五六，要形成一个模子和一个搭子，上来一二三四五六七八都行。第二，顺单组合还常常能使坯子向更好的方向转化。比如，单张三，上来一后，只能形成了一三夹张搭子，待牌只有1种，而如果是顺子二三四加单张三，即二三三四，上来一后，牌就变成了一二三三四，这可以转化为一二三的顺子和三四搭子，待牌有2种。再如，单张七，上来六后，形成的是六七两边搭子，待牌有2种，而如果是顺子三四五加单张七，即三四五七，上来六后，牌就变成了三四五六七，待牌有3种。

(二) 坎单组合

"坎单组合"即坎子与单牌的组合，即坎子挂单。所谓"坎子挂单"，就是指数牌中的暗坎加上邻牌或隔牌，也叫"坎子带单"。比如一一一二、八八八九、二二二四、五六六六。

坎子挂单既可以看做是一个坎子和一张单牌，也可以看做是一个对子和一个搭子，因此，与单牌相比较，它的待牌种类会增多。比如，七七七八万，它的待牌为八万和六九万；再如，一一一二饼，它的待牌为二饼和三饼。

四、模坯组合

"模坯组合"是由一模牌及与相联系的坯子形成的牌群。主要有顺子与对子形成的顺对组合、顺子与搭子形成的顺搭组合、坎子与搭子形成的坎搭组合、坎子与对子形成的坎对组合。

模坯组合有 5 张关联牌，其待牌数量较多，或者容易转化成待牌数量较多的牌型。我们以顺搭组合为例说明一下。有的顺搭组合的待牌种类有 3 种。比如二三四五六，待牌为一四七。有的顺搭组合容易转化成待牌种类有 3 种的顺搭组合。比如，四五六七九，如果上来三，舍九，顺搭组合就转化成了三四五六七，待牌由原来的八 1 种转化为二五八 3 种。再如，五六七七八，如果上来四，舍七，顺搭组合就转化成了四五六七八，待牌由原来的六九 2 种转化为三六九 3 种。

有的牌群由一个模坯组合加一张牌形成，并且还可以看成是两个模坯组合共用一部分牌形成的，它的待牌比其中任意一个模坯组合要多，这样的牌群是"复合模坯组合"。由于复合模坯组合比模坯组合的待牌多，因此，它比模坯组合还要好。我们以复合顺搭组合为例说明一下。比如，二四五六七九，可以看做是二四五六七和四五六七九两个顺搭组合形成的复合顺搭组合，其待牌有三八 2 种，皆比其中任意一个顺搭组合的待牌多。再如，二三三四五七，可以看做是二三三四五和二三四五七两个顺搭组合形成的复合顺搭组合，其待牌有一四六 3 种，皆比其中任意一个顺搭组合的待牌多。

第四节　明白牌姿的好坏

从战略上讲，手牌的好坏是决策攻守的主要根据；从战术上讲，手牌的好坏是决策如何进攻的主要根据。因此，牌手必须明白自己手牌的好坏。

衡量牌姿的好坏主要从三个方面看。第一，看手牌的入听级别，这是衡量牌姿的根本标准。第二，看牌面是否容易进张，这是衡量牌姿的关键标准。第三，看牌面是否容易转化成更好的牌形，这是衡量牌姿的辅助标准。

一、先看入听的级别高低

除过天听等特殊情况，凡牌要赢，必须入听。离入听较远的牌，牌手都力求使牌姿的入听级别向听牌的方向不断进展。因此，手牌的入听级别是衡量牌姿的首要标准，也是最根本的标准。实战中，判断手牌好坏时，大家也都会先看手牌的入听级别。

打基本牌型时，成牌最终要形成四模一将，因此，朝着这个目标，按照接近程度，并根据对成牌的重要影响程度，一般可分为以下几个级别：

①已入听：已经听牌。

②一入听：进1张所需要的待牌能听牌。

③二入听：进2张所需要的待牌能听牌。

④多入听：进3张或更多所需要的待牌能听牌。

打巧七对、全不靠、字幺九等特殊牌型时，也是根据需要进几张牌来察看入听级别的。

排除其他因素，入听的级别越接近听牌，牌姿就越好。二入听比多入听好，一入听比二入听好，已入听比一入听好。

单纯看手牌的入听级别，是从静态上讲的。打牌时，光从静态上看手牌的入听级别还不够，从动态上看手牌的入听级别更重要。从动态上看手牌入听级别的高低，要与一盘的各个阶段结合起来评价。

根据经验，配牌后，手牌如果属于一入听、二入听，就是好牌；如果属于多入听，就是中等牌或差牌。

行牌过程中，大家的牌在不断变化，配牌时的差牌有可能因为进牌顺利而早早听牌，配牌时的好牌也有可能因为进牌不顺而迟迟不能听牌。在一盘的不同阶段，评价牌姿级别的标准不同，因此，评价牌姿级别时要结合当时所处的时段。按一盘三阶段的划分法，根据经验，在开局阶段的第 5 巡之内，如果能听牌，就是特好牌；如果属于一入听，就是上等牌；如果属于二入听，就是中等牌，如果属于多入听，就是差牌。在中局前期的第 6 至 10 巡，如果能听牌，就是上等牌；如果属于一入听，就是中等牌；如果在一入听以外，就是差牌。在中局后期的第 11 至 15 巡，如果听牌，就是好牌或中等牌；如果没有听，就是差牌。

二、再看进张的难易程度

同样的入听级别，进张的难易程度不同，牌姿的好坏也有差别。有的牌面待牌宽，进张容易，相对来说就是好牌；有的牌面待牌窄，进张困难，相对来说就是差牌。

甚至，有的手牌的入听级别较低，但由于待牌宽，它可能因为进展迅速而比入听级别较高的牌先听牌甚至先和牌。比如，甲牌是三入听，但待牌面很广，待牌数量是 8 种 24 张；乙牌是二入听，但待牌面很窄，待牌数量是 2 种 7 张，那很可能甲牌最终要先于乙牌听牌，甚至有可能甲牌已经和牌时乙牌还没有入听呢！

所以，判断牌姿好坏时，除了看牌姿的入听级别外，还要看进张的难易程度。手牌进张的难易程度是判断牌姿好坏的关键标准。

懂得了看手牌进张的难易程度，就会更加准确地判断手牌的好坏了。实战中，有的牌面看似很好，但进张不易，因此，不能说是好牌。例如：

| 二万 | 三万 | 四万 | 八万 | 九万 | 一条 | 二条 | 一饼 | 二饼 | 五饼 | 五饼 | 八饼 | 九饼 |

此牌是二入听，虽然只需要进 2 张牌就能听牌，但由于进牌种类太少，变化又不大，因此，不能算是好牌。

再如：

| 四万 | 四万 | 七万 | 七万 | 三饼 | 三饼 | 六饼 | 六饼 | 二条 | 三条 | 五条 | 六条 | 板 |

此牌是三入听，看似很好，但四七万和三六饼既是中心牌，又各是一条筋线上相邻的中心牌，碰出的可能性都很小，而二三条和五六条虽然都是两边上的好搭子，但它们是交叉搭子，待牌实际上只有 3 种。因此，这手牌也不易入听。

判断进张的难易程度主要是依据进张的种类数量分析的。

牌情简单时，计算需要进张的种类数量比较容易。牌情复杂时，计算需要进张的种类数量需要较高的能力，牌手要学会这一方法。下面通过一个实例说明一下如何计算各入听级别需要进张的种类数量及其概率大小。

假设配牌完成后，某旁家的手牌如下：

| 一万 | 二万 | 六万 | 一饼 | 二饼 | 三饼 | 七饼 | 八饼 | 四条 | 四条 | 五条 | 东 | 板 |

很明显，这手牌是三入听。

要进入到二入听，需要进的牌有以下几种情况：

①一二万搭子形成顺子，需要进三万；

②六万靠成对子或搭子皆可，其联络牌是四五六七八万；

③七八饼搭子形成顺子，需要进六九饼之一；

④四条上成坎子，只能进四条；五条靠成对子或搭子皆可，其联络牌是三四五六七条；

⑤东风的联络牌只有东风；

⑥白板的联络牌只有白板。

以上六类情况需要进的牌中，三万有 4 张，四五六七八万共 19 张，六九饼共 8 张，三四五六七条共 17 张，东风 3 张，白板 3 张，全部是 54 张牌。也就是说，进 54 张牌之一，就可使牌姿进入到二入听状态。

假设 54 张待牌随机分布在牌墙和其他三位牌手的手牌中，排除要牌进张的情况，只靠揭牌进张，那么，该牌手揭上来这 54 张牌之一的概率就是：

$$\frac{54}{136-13} = \frac{54}{123} = 0.439 = \frac{1}{2.278},$$

81

即平均 2 巡多，就能进入到二入听状态。

进入二入听时各种进牌情况可能性的概率也可以进一步计算出来。下面举例说明。

假设这手牌到二入听级别时进的牌是六九饼之一。进六九饼占进入二入听所有可能的比例是 $\frac{8}{54}$，进六九饼的概率是 $\frac{8}{136-13}=\frac{8}{123}=0.0650=\frac{1}{15.375}$。

进入二入听后，如果要进入一入听，其概率也可以计算出来。假设进六饼后，舍孤张字牌，以舍白板为例。牌面变成：

一万	二万	六万	一饼	二饼	三饼	六饼	七饼	八饼	四条	四条	五条	东

要进入到一入听阶段，需要进的牌是：三万 4 张，四五六七八万共 19 张，三四五六七条共 17 张，东风 3 张，全部是 43 张牌。

由于这时已经在一盘的行牌过程中了，因此，在计算时还要减去明牌中出现这些牌的张数。例如，当时有明牌 33 张，包括其他三家中共吃、碰、杠的 5 模 16 张，所有明牌中，这些待牌出现了 13 张。假设剩余的待牌是随机分布在牌墙和其他三位牌手未亮明的手牌中的，排除要牌进张的情况，只靠揭牌进张，那么，该牌手要进入到一入听级别，其概率就是：

$$\frac{43-13}{136-(13+33)}=\frac{30}{90}=0.333=\frac{1}{3}，$$

即平均再过 3 巡，就能进入到一入听状态。

进入一入听时各种进牌情况可能性的概率也可以进一步计算出来。

进入一人听后，要进到入听级别需要进牌的种类数量和概率，以及各种进牌情况的概率也可以计算出来。

三、后看牌面的变化余地

判断牌姿的好坏，主要看入听的级别高低及进张的难易程度，但有时，还须看牌面是否容易变化成更好的牌形。有的牌面稍加变化就能成为很好的牌，这样的牌就属于好牌；有的牌面难以变化，不能变成好牌，这样的牌就属于差牌。牌面变化余地大小是判断手牌好坏的辅助标准。

试看下面两手已入听的牌：

三万	四万	五万	九条	九条	九条	南	南	一饼	三饼	七饼	八饼	九饼

三万	四万	五万	九条	九条	九条	南	南	一饼	三饼	四饼	四饼	四饼

虽然两手牌都已入听，都是一三饼搭子待夹二饼，但是，上面那手牌的变化小，最好的变化是上四饼，变成三四饼搭子待二五饼；下面那手牌的变化大，南风成坎后，舍一饼，将会形成三四四四饼的待牌组合，待牌为单钓三饼带两边上二五饼，这是非常好的牌型。所以，相对来说，下面那手牌较好。

第四章 听牌技巧

打麻将时,除过庄家天和的特殊情况外,和牌之前,首先得听牌。听牌是和牌的前提,是和牌的必经阶段,没有听牌就没有和牌。在进攻过程中,听牌承前启后,意义重大。能否听牌,听姿的好坏直接关系到最终能否和牌。所以,听牌技巧是打麻将的关键技巧,对牌手来说极其重要。

第一节 听牌应该坚持的原则

听牌的目的是为了最终和牌。大家都知道听牌越早越好的道理。但是,听牌早不一定就必然先和,听牌晚也不一定就不能先和。实战中常常出现晚听的人先和的情况,究其原因,除了运气因素之外,最重要的原因就是:晚听的人听姿较好。所以,听牌时,不但要听得早,而且要听得好。具体地说,打麻将时,牌手应该坚持以下几个听牌原则。

一、尽早听

虽然晚听牌有时反而能先和,但是,排除其他因素,先听牌和牌的机会无疑要多于后听牌,实战中,捷足先登者也总是多于后来居上者，因此，牌听得越早，和牌的可能性才越大。俗话说"不听哪能和""早听三分和"是非常有道理的。

尽早听牌，对自己非常有利。首先，早听牌自摸的概率大。听牌越早，听牌后揭牌的次数就越多。揭牌的次数越多，自摸的概率自然就越大。第二，早听牌食和的机会多。听牌早，别人舍出自己的待牌时，自己就可以和牌；听牌晚，别人舍出牌时自己还没有听牌，和不上，等自己听牌后，别人可能不再舍自己的待牌了，自己即使想和，也和不上了。第三，早听牌选择的余地大。早听牌，如果有人放炮，自己既可以选择食和，也可以放弃食和专等自摸，选择的余地很大。如果晚听牌，大家的牌势都很好，一旦有人放炮，听牌者会因为不敢再等而被迫食和。

因为只有听牌，才可能和牌；而且，只要听牌，就有希望和牌；不听牌，是绝对不可能和牌的，所以，一般情况下，能听牌时，即使待牌种类很少，甚至只能和一种牌，也要听牌。实战中，牌手也都希望自己的牌早点听。

二、待张多

按照概率，听牌后的待张越多，和牌的希望越大。听待张多的牌，不仅食和的希望大，而且，更重要的是，自摸成和的希望也大。

三、敌易舍

听牌后，自摸当然最好，但最终能不能揭上来待牌，要靠运气。如果所听的待牌是别人容易舍出来的，就会增大食和的概率，从而增大自己和牌的希望。而且，别人舍出待牌后，自己既可以选择食和，也可以放弃，有选择的权利。而如果所听的待牌是别人舍不出来的牌，那自己要和牌的话，就只有靠自摸了。但是，单凭自摸和牌，有时是摸不到的。实战中常常会出现在开局之初就听牌，而且听的口子相当好，但最终也没能自摸的情况。所以，听牌时，如果听的待牌是别人容易舍出来的牌，那和牌可能性就会非常大。

别人容易舍出来的牌是哪些牌呢？我们从牌手舍牌时考虑的两个方面出发来讨论一下。牌手舍牌时，一是考虑进攻，即舍对自己没有用处的牌；二是考虑防御，即舍他认为安全的牌。这样，在听牌时，我们就应该根据这一原理，选择敌容易舍出来的牌。

四、能改良

人听的牌，在很多情况下，所听的类型和待牌的种类都是可以改变的。在和牌之前，如果有机会能把听姿改得更好，那就应该改听，这就要求我们在听牌时要考虑到能改良的因素。

很多情况下，手牌人听时，可以选择的听姿相差不大，但其中有一种听法更有利于改听得更好，这时，如果考虑到了能改良的问题，我们就应该选择有利于改听成更好听姿的打法。

第二节　选择优良听姿的策略

良好的听牌姿态容易成和，恶劣的听牌姿态不易成和，因此，在可以选择听姿时，要选择更好的听牌姿态；在能够改听得更好时，要改听；为了自摸，还可以退听。

一、选　听

初次听牌时，如果可以在不同的听牌模式之间进行选择，或者在同一种听牌模式中，可以选择听不同的牌种，那么，就要选择更容易和牌的模式和牌种。

（一）不同的听牌模式，哪种模式更容易和牌

两种不同的听牌模式相比较，如果待牌种类和数量相差较大，一般地，按照听牌原则，牌手容易做出选择。但是，如果两种听牌模式的待牌种类和数量相同或相差不多，有时就不好选择了。遇到较难选择的情况通常有两种，一是在两对倒与夹边张之间选择，一是在两边上与两头钓将之间选择。

1. 两对倒与夹边张

实战中，牌手经常会遇到在两对倒和夹边张之间进行选择的问题。

两对倒和夹边张的待牌数量都是 4 张，从自摸的角度讲，

两种听牌类型自摸的机率在理论上是相等的，但是，从食和的角度讲，这两种听牌类型食和的难易程度往往不同。

到底是两对倒容易食和还是夹边张容易食和呢？这主要看两对倒中的对子是否容易碰出。

如果两对倒中的对子是不易碰出的中张牌，就应该听夹边张。

首先，中张牌容易被人用上，我已经占了两张，别人只有两张可用的机会，很难因为多余而舍出，因此，听对倒中张牌不容易食和。听夹边张虽然待牌只有一种，但4张牌全部被别人用上的可能性却较小，只要有人舍出其中的一张，我就能食和。

其次，如果听中张牌对倒，中张牌的联络牌在他人手中占有很多，我手中成对的牌对他人来说变得相对稀缺，他人往往非常缺我手中成对的中张牌，当他们揭到以后，正求之不得呢，怎么可能舍出去？而如果听夹张，由于我就有3张待牌的邻牌（包含听牌时舍出去的1张），因此，别人有我待牌的联络牌相对会较少，他用不上我的待牌的可能性会较大，如果他揭到我的待牌，很可能就会舍出来。例如：

A1	A2	A3	B1	B2	B3	C1	C2	C3	四饼	四饼	五条	五条	七条

这手牌，既可舍七条听四饼五条两对倒，也可舍五条听夹六条。我手中已经各占了2张四饼和五条，对他人来说，这两种牌往往是他们非常缺少的，常常不会富余，很难舍出，如果我听两对倒四饼五条，将很难食和。听夹六条时，由于我手中

的五七条共有 3 张，他人有五七条的概率必然会较小，用不上六条的可能性较大，相对来说，就容易舍出六条。

需要注意的是，两个中心牌形成的两对倒比夹张更容易改良成两边上，因此，如果在牌局早期，改良机会较多时，也可以考虑先听成两对倒，以图后面容易改良。

如果两对倒中的对子至少有一个非常容易碰出，那可以考虑听两对倒。例如：

| A1 | A2 | A3 | B1 | B2 | B3 | C1 | C2 | C3 | 板 | 板 | 八万 | 九万 | 九万 |

这手牌，既可舍八万听两对倒白板九万，也可舍九万听边七万。由于白板和九万皆容易碰出，因此，可以考虑听两对倒。如果七万和白板同属于一熟牌，两种听牌类型的待牌皆为 3 张，这种情况下，更宜舍八万而不宜舍九万，因为白板无人会要，九万易碰出，舍八万听两对倒白板九万成和的可能性相对更大。

需要注意的是，在牌局后场，如果自己的字牌幺九对子一直未出现，那很有可能被人也抱成了对子；而且，到牌局后场，大家会对生张字牌幺九防备得较严，所以，即使听牌中包括字牌幺九对子，但到牌局后场，食和的困难也会相当大。

总之，除过考虑到在牌局早期，当两个对子是中心牌时，容易改良的情况外，在两对倒和夹边张两类听牌类型上进行选择时，如果两对倒中的对子容易碰出，可以选择听两对倒，否则，还是以听夹边张为上策。

2. 两头钓将与两边上

如果孤立地从理论上进行比较，两头钓将的待牌为 2 种 6 张，两边上的待牌为 2 种 8 张，因此，听两边上要比两头钓将好。但有时，某种数牌牌群的数量较多，听两边上时，自己占了其中一种牌 2 张为将，这种情况下，无论是听两头钓将还是两边上，待牌数量都是 2 种 6 张，这时，应该选择哪一种听牌类型呢？我认为，排除其他因素，从容易食和的角度讲，应该听两头钓将。

我们分析一下常见的两种情况：

第一种情况是，听牌时只能从一个牌群中选择。例如：

A 1	A 2	A 3	B 1	B 2	B 3	C 1	C 2	C 3	三条	四条	五条	五条	六条

这手牌一般情况下会在舍五条和六条之间进行取舍。舍五条，听两头钓将三六条，待牌是 6 张；舍六条，听两边上二五条，由于五条自己占了 2 张，因此，待牌也是 6 张。这时，选择哪种听法更容易食和呢？我认为，这种情况下，一般地，应该舍五条，听两头钓将三六条。

如果舍五条听三六条，相对来说，别人放炮的可能性会大一些。因为，第一，自己的五条相对多，别人用不上其邻牌六条的可能性较大。第二，三六条自己各占了 1 张，即使有人拿对子，他们揭不成坎、碰不出来的可能性相对较大，有可能会拆对子舍牌。所以，听三六条较易食和。

如果舍六条听二五条，相对来说，别人放炮的可能性会小一些。因为，第一，自己的六条相对较少，别人有更多六条的可能性较大，他们可能很需要五条，而且，自己有两个五条，相对较多，别人如果揭上来五条，用上的可能性很大，轻易不会舍出来。第二，如果别人有二条对子，由于还有2张二条，有二条对子的人揭上来成坎的可能性会较大，如果他真的揭成了坎子甚至揭成了暗杠，那我食和二条就难了。所以，听二五条不容易食和。

第二种情况是，听牌时要从两个牌群中选择。例如：

| A
1 | A
2 | A
3 | B
1 | B
2 | B
3 | 五饼 | 六饼 | 七饼 | 七饼 | 四万 | 五万 | 六万 | 七万 |

这手牌，如果舍四七万中的一张，就听两边上四七饼，由于自己占了2张七饼，因此，待牌有6张；如果舍七饼，就听两头钓将四七万，待牌也是6张。由于自己占了2张七饼，别人舍出七饼的可能性变小，如果有人再拿上四饼对子或坎子，自己食和的可能性会很小。而如果听四七万两头钓将，别人多出1张四七万的可能性较大，自己较容易食和。

所以，以上两种情况下，听两头钓将都要优于听两边上。

（二）各种类型的听牌，怎样听更容易和牌

同一类型的听牌模式，听不同的牌，易和的程度往往不同。同种听牌类型可以听不同的牌，最常见，最容易换的就是单钓将；其次，人们会经常遇到夹张可以听不同牌的情况；有时，也会遇到两头钓将甚至三头钓将可以选择的情况。下面，我们就分别探讨一下这几种听牌模式，看怎样听牌更容易成和。

1. 单钓

与其他听牌类型相比较，不考虑实战中某些牌的舍牌情况，从理论上讲，单钓将的待牌种类和数量都是最少的，因此，这种听牌类型一般来说和牌相对困难。但是，单钓牌换张自如，改听容易，可以根据具体情况随时选择最容易和出的牌，既可听字牌幺九、熟张，也可听中张。如果听回头牌，还往往能形成出奇不意的效果，使人难以防备。正因为如此，牌坛上的高手都非常善于单钓，精于单钓。

(1) **在联络能力高低上的选择**

他人不要的牌容易舍出来，因此，当其他情况不影响时，单钓牌应当优先选择联络能力更低的牌。

联络能力由低到高的顺序是：字牌、幺九、二八、中心牌。所以，单钓时，一般情况下，可以考虑按这样的顺序选择。实战中，当某种中心牌的联络牌落地入海数量较多时，这种中心牌的联络能力也会变得很低，单钓时，也可选择这种牌。

实战中，常常会遇到这样的情况，明明字牌的联络能力最低，但有时却不如联络能力高的数牌容易被舍出来，为什么呢？这里有一个不同阶段人们打牌特点不同的问题。如果仅在字牌和数牌之间选择单钓，要注意看在哪个阶段。在开局阶段，应该选择单钓字牌。因为开局阶段正是大家大量舍字牌的时期，单钓这些牌非常容易食和。在中局阶段，可侧重于选择数牌。因为，在中局阶段，如果字牌是生张，那么，它在别人手中成对成坎的可能性很大；如果字牌是熟张，那么，它很可能在他人手中被备成了安全牌，他们在等待听牌时舍出，这样，单钓字牌的话，就有可能会等很长时间，而且还不确定能否等到,因为能否等到是建立在他人什么时候听牌的基础之上的,如果他人当盘不能听牌,他就有可能始终不舍,那自己就等不到了。所以,在中局阶段,与其听字牌,倒不如在数牌中间选择一张较易舍出来的牌。在残局阶段,要重点选择大家不要的牌。残局时,不但熟字牌容易被大家当成安全牌舍出来,而且,有的数牌也显得非常安全,甚至其安全程度与字牌无异,因此,残局单钓时,可以不论牌的地位,关键看大家不要哪些牌。

需要注意一个特殊情况,那就是,在大家都明确你是在单钓牌的情况下,你倒要钓一些联络能力较强的牌。因为,大家都知道你是在单钓牌,一般情况下单钓牌选择联络能力差的牌这种固定模式,大家会防备你钓联络能力低的牌,这时,你偏偏反其道而行之,别人反而防备不住。实战中,当立牌只有一张时,有的高手往往会单钓中心牌。单钓中心牌,出乎别人的意料,反而比字牌幺九更容易逮炮成和。古牌谱上说"四模落地,必钓尖张"、"单钓听中张",其道理就在于此。

(2) **在生熟张之间的选择**

单钓时,最多只有 3 张待牌,如果钓的是熟牌,就只有 2 张甚至 1 张。但是,熟张别人容易舍,生张别人不易舍。那么,听单钓时,到底是钓生张易和,还是钓熟张易和呢?我认为,这主要看在牌局的什么阶段。

在牌局早期,可以选择单钓生张。因为在牌局早期,大家都还不怎么盯牌,单钓的生张牌别人一般不会因为盯牌而扣住不舍,而且,单钓生张的待牌有 3 张,比单钓熟张自摸的概率大。

在牌局中期,最好选择单钓一熟牌。其原因有二。第一,单钓生张往往难食和。如果钓生张,固然有可能其余 3 张都在牌墙之内，那样自摸的概率大一些，但中局尚未出现的生张，在他人手中形成对子或坎子的可能性较大，容易钓成死牌，而且，也有可能他人因为不敢舍而扣死，甚至，有时，到最后他人也会被迫单钓此牌。因此，中局单钓时，要慎钓生张。中局单钓数牌时，如果某种牌很熟，其筋线牌被舍出的可能性较大，也可以考虑单钓其相邻的筋线牌。第二，单钓二熟牌容易形成死钓，最好不要钓二熟牌。二熟牌已出现2张，我手中还有1张，实际待牌只有1张，如果被人用上，就会钓成死牌。所以，从生熟张的角度选择，在牌局中期，最好选择单钓一熟牌。

在牌局末期，不能单钓生张，单钓一熟牌甚至单钓二熟张都行。到牌局末期，大家对生牌扣得非常死，单钓生牌，除非自摸，否则往往是死路一条。单钓一熟牌当然可以，其道理和牌局中期单钓一熟牌易和出的道理是一样的。到了牌局末期，有时钓二熟牌也非常容易食和。因为这时大家多会认为二熟牌非常安全，尤其是字牌幺九。而且，在牌局末期，牌墙所剩牌已经不多，大家往往都在盯牌，如果没有人舍出已是二熟牌的字牌幺九，往往说明二熟牌还有一张在牌墙之内。这样的话，谁揭上来都会舍掉，自己揭上来还能自摸。所以，这时单钓二熟牌，虽然只剩下了1张，有时反而容易成功。

2. 夹张

有时，要在三夹二的牌型中选择听一个夹张，那就存在到底选择听哪张牌才更容易食和的问题。

(1) 在联络能力高低上的选择

选择和夹张时，一般而言，靠近外侧的牌比靠近中心的牌更容易食和，所以，在三夹二的复合搭子中选择听牌时，一般宜听靠近外侧的夹张搭子。

(2) 在生熟张之间的选择

在生熟张之间选择与单钓时的道理一样，虽然听生张自摸的概率大一些，但有时，听熟牌更容易食和，所以，也可以考虑听一熟牌。

3. 两头钓将

两头钓将时，如果只看其中一张待牌，其道理与单钓是一样的，因此，在能够选择听牌内容时，也可以参考单钓的技巧。但是，两头钓将时，由于待牌种类不止一个，因此，与单钓将的选择策略并不完全一样。

(1) 在联络能力高低上的选择

当听两头钓将可以选择时，宜选择有一头更靠近外侧的牌听。比如，一二三四五，如果选择两头钓将，当其他情况不影响时，宁可舍五钓一四，也不要舍一钓二五。因为越靠近外侧，越容易食和，两头钓将时，反正只要能上来一种牌就可和牌，所以，使一头牌越靠近外侧越好。

(2) 在生熟张之间的选择

两头钓将的牌，由于待牌的种类不止一张，因此，无论生熟，都应该可以，但是，这里面仍有一定的讲究。

首先，不要钓两头都非常熟的牌。两头都熟的牌待牌张数会较少。比如，一头是一熟牌，另一头是二熟牌，这样的话，实际待牌数就只有 3 张，会大大降低待牌数量。

第二，如果两头都是生张，可以考虑。两头都是生张的话，待牌有 6 张，别人全部扣住的可能性较小。而且，待牌数量较多，还容易自摸成和。

第三，如果两头牌之一是一熟牌，另一个是生张，那最好。因为其中一种是熟牌，有人容易跟这种牌及其筋张牌，这样，无论他人跟出两种待牌的哪一种，我都能食和。而且，其待牌为5张，数量较多，还容易自摸成和。

4. 三头钓将

三头钓将时，由于待牌种类多至3种，因此，其选择策略与单钓将和两头钓将又不同。

(1) **在联络能力高低上的选择**

三头钓将如果选择，无非是在一四七、二五八、三六九之间选择。虽然一四七和三六九中各有一个幺九牌，但是，另两种牌都是中心牌，而且还各有一个三七牌，因此，综合比较，从易食和的角度讲，倒不如听二五八，二五八中有两个二八牌，皆易食和。

(2) **在生熟张之间的选择**

三头钓将的牌，由于待牌的种类和数量都很多，有3种9张，因此，基本上不害怕生张牌被全部扣死的情况出现。为了增加自摸的概率，我主张选择听生张更多的牌。比如，一二三四五六七八，到底是听一四七还是二五八，关键就看一四七出现的少还是二五八出现的少，出现的越少，实际待牌就越多，自摸的可能性就越大。

二、改 听

听牌后，有的牌较难成和。打麻将要灵活机动，牌听后并不是一成不变的，为了更容易和牌，很多时候，需要改听。实战中，主要在以下几种情况下需要改听。

(一) 改成待牌更多的听姿

多数情况下,牌手之所以会改听,是为了使听口更好,即待牌更多,这时的改听要本着更容易食和、自摸的原则进行。通常,改成待牌更多的听姿有以下几种情况。

1. 改夹张

夹张的待牌最多只有一种 4 张,如果能改听成种类数量更多的听姿,就应该改听。

如果揭上来牌可以把夹张搭子变成两边搭子甚至三边上顺搭组合,那当然应该改听。例如:

A1	A2	A3	B1	B2	B3	C	C	二饼	四饼	五饼	六饼	七饼

当前听的是夹三饼,如果揭上来五饼,就应该舍出二饼,改听成四五饼形成的两边上三六饼;如果揭上来八饼,就应该舍出二饼,改听成四五六七八饼形成的三边上三六九饼。

有的牌听的虽然是夹张,但是,夹张搭子的一边有相邻的三连牌甚至六连牌,这种情况下,碰出或揭上来将牌的同牌使之变成坎子,留下四连牌或七连牌,就能改听成两头钓将或三头钓将。

例如:

A1	A2	A3	B1	B2	B3	九万	九万	一条	三条	四条	五条	六条

当前听的是夹二条，如果碰出或自己揭上来九万，把九万变成坎子，舍出一条，就能改听成三四五六条形成的两头钓将三六条，待牌增至2种6张。

再如：

A 1	A 2	A 3	九万	九万	一条	三条	四条	五条	六条	七条	八条	九条

当前听的是夹二条，如果碰出或自己揭上来九万，把九万变成坎子，舍出一条，就能改听成三四五六七八九条形成的三头钓将三六九条，待牌增至3种9张。

有的牌自己本身有一个顺子，但听牌时，恰好听成了这个顺子两头牌形成的夹张，即所谓的"双夹"。这种牌，无论是碰将或碰夹张搭子任意一头的对子，改听后的口子待牌都较多。例如：

A 1	A 2	A 3	B 1	B 2	B 3	中	中	二万	二万	三万	四万	四万

当前牌听的是夹三万，但是，三万自己已经占了1张，所以，待牌仅有1种3张。如果有人舍出红中，自己碰牌后，舍出二万或四万，就改听成了一四万或二五万两边上，待牌增至2种6张。如果有人舍出二万或四万，也应该碰出。碰牌后，既可以舍出三万，听红中四万或红中二万两对倒；还可以考虑舍出四万或二万，听二五万或一四万两边上，前者能使待牌增至2种4张，后者能使待牌增至2种5张。

2. 改对倒

听两对倒时，待牌是 2 种 4 张，当待牌组合中有中张数牌对子时，就容易改听成两边上或三边上。

如果中张数牌对子是孤对，如果揭上来邻牌，就能改听成两边上。例如：

| A
1 | A
2 | A
3 | B
1 | B
2 | B
3 | C
1 | C
2 | C
3 | 北 | 北 | 七饼 | 七饼 |

当前听的是两对倒北风七饼，如果揭上来六饼或八饼，舍出一张七饼，就能改听成六七饼或七八饼形成的两边上，待牌增至 2 种 8 张。

如果中张数牌对子有相邻的中张顺子，还可改听成三边上。例如：

| A
1 | A
2 | A
3 | B
1 | B
2 | 北 | 北 | 四饼 | 五饼 | 六饼 | 七饼 | 七饼 |

当前听的是两对倒北风七饼，如果揭上来三饼或八饼，舍出一张七饼，就能改听成三四五六七饼或四五六七八饼形成的三边上，待牌增至 3 种 11 张。

听三对倒时，待牌是 3 种 6 张，如果揭上来相关的数牌，就有可能改听成三边上。例如：

| A
1 | A
2 | A
3 | 西 | 西 | 三条 | 三条 | 四条 | 四条 | 五条 | 五条 | 六条 | 六条 |

99

当前听的是三对倒西风三六条，如果揭上来二条或七条，舍出三六条中的一张，就能改听成二三四五六条或三四五六七条形成的三边上，待牌增至 3 种 10 张。

听四对倒时，待牌是 4 种 8 张，种类数量都较多，因此，一般不用改听，只有在少数情况下，当实际待牌不多时，才应该改听。

3. 改钓将

单钓将时，如果揭上来顺子的邻牌，或除过幺九顺子的三七牌的两头牌，就可以改成两头钓将或两边上；单钓将或两头钓将时，如果揭上来两个相邻顺子即六连牌的邻牌、中点牌、两头牌，或一叠张的两个顺子即中点牌叠张的五连牌的邻牌、中点牌，还可以改成三头钓将、两边上兼两头钓将或三边上。例如：

A1	A2	A3	二条	三条	四条	四条	五条	六条	四饼	五饼	六饼	中

当前听的是单钓红中，如果揭上来三饼或七饼，舍出红中，就能改听成三四五六饼或四五六七饼形成的两头钓将；如果揭上来四饼或六饼，舍出红中，就能改听成四四五六饼或四五六六饼形成的两边上。如果揭上来一条或七条，就能改听成一二三四四五六条或二三四四五六七条形成的两边上兼两头钓将；如果揭上来四条，就能改听成二三四四四五六条形成的三边上。

单钓数牌时，如果模子中有暗坎，那么，当揭上来所钓数牌的相关牌后，还可以改听成两边上或三边上。

第四章 听牌技巧

单钓将时，待牌是1种3张，当钓的是中张数牌时，如果揭上牌后能使数牌形成两边搭子，舍出原来暗坎中的一张，就能改听成两边上，使待牌增至2种8张；如果中张数牌有相隔的中张顺子，当揭上来它们之间的牌时，还能改听成三边上，使待牌增至3种11张。例如：

| A
1 | A
2 | A
3 | B
1 | B
2 | B
3 | 板 | 板 | 板 | 四万 | 六万 | 七万 | 八万 |

当前听的是单钓四万，如果揭上来三万，舍白板，就能改听成三四万形成的两边上；如果揭上来五万，舍白板，就能改听成四五六七八万形成的三边上。

两头钓将时，待牌是2种6张，如果揭上来四连牌的有关联络牌，就能改听成两边上或三边上，使待牌增至2种7张或3种11张。例如：

| A
1 | A
2 | A
3 | B
1 | B
2 | B
3 | 东 | 东 | 东 | 二条 | 三条 | 四条 | 五条 |

当前听的是两头钓将二五条。如果揭上来一三四六条，舍东风，就可以改听成四五条或二三条形成的两边上，或者二三四五六条形成的三边上。

三头钓将时，待牌是3种9张，如果揭上来七连牌的有关联络牌，也能改听成三边上，使待牌增至3种10张。例如：

| A
1 | A
2 | A
3 | 南 | 南 | 南 | 三饼 | 四饼 | 五饼 | 六饼 | 七饼 | 八饼 | 九饼 |

101

当前听的是三头钓将三六九饼,如果揭上来二饼或七饼,舍南风,就可以改听成二三四五六饼或三四五六七饼形成的三边上。

但是,三头钓将本身的待牌就较多,改听成三边上时,待牌最多也只能增加1张,因此,为了留下暗坎,也可以考虑不改。

钓将时,如果模子中有数牌暗坎,当揭上暗坎的联络牌时,还可以改成单钓将带两边上或夹边张上的牌型。例如:

| A
1 | A
2 | A
3 | B
1 | B
2 | B
3 | C
1 | C
2 | C
3 | 二万 | 二万 | 二万 | 发 |

当前听的是单钓绿发,如果揭上来一万或四万,舍绿发,就能改听成单钓一万或四万带夹边张上三万;如果揭上来三万,舍绿发,就能改听成单钓三万带两边上一四万。

(二) 当待牌不多或者怀疑待牌不多时的改听

听牌后,如果觉得实际待牌数量较少,或者怀疑待牌被别人拿成了对子、坎子甚至杠子,那么,在有机会可以改听时,就应该改成更容易和出的听姿。这种情况下的改听是因为待牌不多或者怀疑待牌不多,因此,改听后的听口并不一定在理论上比改听前的好。这一点需要牌手注意。有时,改听成理论上较差的听口,需要牌手善于决断。

下面列举几种常见的听姿及改听方法,在实战中,牌手要会举一反三,当遇到待牌不多或者怀疑待牌不多的情况时,根据具体情形灵活改听。

1. 夹边张改成单钓

听夹边张时，待牌只有一种，如果这种牌已被舍出过多，或者有可能被他人用上多张，就难以成和。这种情况下，如果能碰出本来的将牌或把将牌揭成暗坎，那么，就可以舍出夹边张搭子中的一张，改听成单钓将。例如：

| A1 | A2 | A3 | B1 | B2 | B3 | C1 | C2 | C3 | 东 | 东 | 六条 | 八条 |

这手牌，本来听夹七条，但是，海内已现2张，待牌太少。如果有人舍出东风或者自己揭进东风，那么，就可以碰东风或留下东风暗坎，舍出六条，改听成单钓八条，使待牌增至3张。

2. 两头钓将改成两边上

两头钓将的牌，理论待牌有2种6张，如果实际待牌不多或者可能被别人占有很多，当揭上来待牌组合的中点牌时，可以改听成两边上。例如：

| A1 | A2 | A3 | B1 | B2 | B3 | C1 | C2 | C3 | 四饼 | 五饼 | 六饼 | 七饼 |

这手牌听的是两头钓将四七饼，如果觉得不易和出，当揭上来五饼或六饼时，舍四饼或七饼，就可以改听成五五六七饼或四五六六饼形成的两边上。改听后，待牌仍是2种6张。

103

3. 三头钓将改成三边上或两边上兼两头钓将

三头钓将的牌，理论待牌数量很多，有 3 种 9 张，但如果实际待牌不多或者估计被人用上过多时，当揭上来待牌组合中除待牌外的其他牌时，可以改听成三边上或两边上兼两头钓将。例如：

A 1	A 2	A 3	B 1	B 2	B 3	二条	三条	四条	五条	六条	七条	八条

这手牌听的是三头钓将二五八条，如果觉得不易和出，当揭上来三条或七条时，舍二条或八条，就可以改听成三三四五六七八条或二三四五六七七条形成的三边上，待牌仍是 3 种 9 张；当揭上来四六条时，舍八条或二条，还可以改听成二三四四五六七条或三四五六六七八条形成的两边上兼两头钓将，待牌也是 3 种 9 张。

4. 两边上改成两对倒、两头钓将或新的两边上

两边上本来是较好的听姿，但有时，两边上的待牌已经出现很多，或者有可能别人占有很多，这时，就需要改听。

当两边搭子是孤搭子时，如果揭上来两边搭子中的一张牌，可以考虑把两边上改成两对倒。例如：

A 1	A 2	A 3	B 1	B 2	B 3	C 1	C 2	C 3	板	板	二万	三万

这手牌，本来听一四万两边上，属于好口子，但是，一四万一个都没有露面，很可能它们被人拿成对子坎子甚至杠子

了，而且，随着时间的推移，大家一般也都会认为一四万是险张，没有人舍出。这种情况下，如果揭上来二万，可以考虑舍出三万，改听成两对倒白板二万。

当两边搭子不是孤搭子，另有一个以搭子中的一张牌开头的中张顺子时，碰出原来的将牌，或者把原来的将牌揭成了暗坎，就能把两边上的听姿改成两头钓将或新的两边上。例如：

| A
1 | A
2 | A
3 | B
1 | B
2 | B
3 | 东 | 东 | 二万 | 三万 | 三万 | 四万 | 五万 |

本来，这手牌听一四万两边上，理论上待牌有 2 种 7 张。一般情况下，这种牌不必改听。但如果在实战中出现了待牌数量较少的情况，就可以改听。比如，一万被碰，实际待牌只有 1 张一万，3 张四万，共 4 张牌，为了使待牌数量增多，当有人舍出或我揭上来东风时，我就应该碰成明坎或留成暗坎，而后舍出三万或二万，重新听牌。舍三万后，听的是二五万两头钓将，待牌有 2 种 6 张；舍二万后，听的是三六万两边上，待牌也有 2 种 6 张。

5. 三边上改成两对倒、两边上兼两对倒、两头钓将

三边上的听姿是非常好的口子，但有时，这些待牌已被他人舍出过多，或者有可能被人占得过多，使其实际待牌数量较少甚至很少，在万不得已的情况下，就要改听。

如果揭上来三边上待牌部分的牌，可以改听成两对倒。例如：

| A
1 | A
2 | A
3 | B
1 | B
2 | B
3 | 南 | 南 | 二万 | 三万 | 四万 | 五万 | 六万 |

这手牌虽然听的是一四七万的好口子，但却一直无人舍出，估计这些牌大多数被人拿成对子或坎子杠子了。这种情况下，如果揭上来二万，就可以舍三六万中的一张，改听成两对倒南风二万。当然，如果揭上来三五六万，也可以改听成南风与所揭牌形成的两对倒。

把三边上改听成两对倒会使待牌数量大幅减少，一般情况下，牌手很难下这样的决心。但如果能改听成三口叫的其他类型，牌手还是应该较易做出决定的。例如：

A 1	A 2	A 3	一饼	一饼	一饼	二饼	三饼	二万	三万	四万	五万	六万

一四七万一直没有人舍出，很可能被他人拿成对子或坎子杠子了，当揭上来二万后，舍出三六万中的一张，可以改听成两边上一四饼兼两对倒一饼二万。这样，待牌种类没有减少，仍是3种，待牌数量稍有减少，共有7张，比三边上少了2张，但是，这比改听成两对倒的情况要好得多。

有时，还可以把三边上的牌改听成两头钓将。如前两例，第一例中，如果揭上来或碰出南风；第二例中，如果揭上来一四饼或者碰出一饼，可以舍六万，改听成二五万两头钓将。

（三）改成不同待牌内容的同种听姿

有时，听牌后，虽然不能改成更好的听姿，但却能改待牌内容。这种改听，虽然听姿未变，但由于改成了实际待牌更多或更易和出的牌，因此，也算改善了听口。

同种听姿的改听，一般有以下几种牌型。

1. 钓 将

听单钓将时，改听最容易，也最简单，只要觉得后面揭上来的孤牌比原来所钓的孤牌容易成和，就可以换。

两头钓将时，如果揭上来四连牌的邻牌，或其他顺子的邻牌，就可以改成新的两头钓将。例如：

A1	A2	A3	B1	B2	B3	二饼	三饼	四饼	四条	五条	六条	七条

这手牌听的是两头钓将四七条，如果揭上来三条或八条，舍七条或四条，就可以改听成三四五六条或五六七八条形成的两头钓将；如果揭上来一饼或五饼，舍四条或七条，还可以改听成一二三四饼或二三四五饼形成的两头钓将。

三头钓将时，如果揭上来七连牌的邻牌，或另一个六连牌的邻牌，就可以改成新的三头钓将。例如：

三饼	四饼	五饼	六饼	七饼	八饼	二万	三万	四万	五万	六万	七万	八万

这手牌听的是三头钓将二五八万，如果揭上来一万或九万，舍八万或二万，就可以改听成一二三四五六七万或三四五六七八九万形成的三头钓将；如果揭上来二饼或九饼，舍二五八万中的一张，还可以改听成二三四五六七八饼或三四五六七八九饼形成的三头钓将。

钓将牌的改听十分灵活，实战中，牌手经常会因为先听的钓将牌型的实际待牌数量较少或因为是中张牌难钓而改成听其他待牌的同种钓将牌型。

2. 夹张

听夹张时，如果觉得不易和出，当揭上来搭子的隔牌时，就可以改成新的夹张上。例如：

A1	A2	A3	B1	B2	B3	C1	C2	C3	D	D	三饼	五饼

这手牌听的是夹四饼，如果揭上来一饼，舍五饼，就可以改听成一三饼形成的夹二饼。

由于越靠近外侧的牌越容易和出，因此，实战中，牌手经常会把夹四六改听成夹二八。

3. 两对倒

两对倒的牌型，如果要改成不同的待牌内容，必须有一个数牌对子并且这个数牌对子至少有一个相连的顺子。例如：

A1	A2	A3	B1	B2	B3	南	南	六条	六条	七条	八条	九条

这手牌听的是两对倒南风六条，如果揭上来九条，舍六条，就可以改听成南风南风和九九条形成的两对倒南风九条。

实战中，如果四连牌一头的对子实际待牌数量少或者更靠近中心，当把四连牌的另一头揭成对子时，牌手就会考虑改听成新的两对倒。

（四）为了留坎而改听

在很多牌局，赢家的杠和杠上开花都可以加分，因此，使自己的手牌留下坎子，增加杠的可能，是打麻将的一个重要技巧。这样，在有将的听牌中，如果自己把将揭成了坎子，在基本不影响听姿或者影响听姿较小，而暗坎又易成杠的情况下，可以留下这个暗坎，改听成新的牌型。例如：

A1	A2	A3	B1	B2	B3	西	西	一饼	二饼	三饼	三饼	四饼

这手牌，听二五饼两边上，由于自己占有1张二饼，因此，实际待牌数量为7张。如果揭上来西风，为了留下西风暗坎，使自己有杠的机会，可以考虑舍出三饼，改听成一四饼两头钓将：

A1	A2	A3	B1	B2	B3	西	西	西	一饼	二饼	三饼	四饼

改成一四饼两头钓将后，待牌有2种6张，虽然数量减少了1张，但是，一四饼比二五饼更靠近外侧，容易食和，因此，待牌情况与改听之前相差不多。但是，改听后的手牌，自己留下了西风暗坎，既有可能杠出西风，还有可能杠上开花，这对自己有利。

（五）为了骗敌而改听

在敌对我牌情比较了解的特殊情况下，为了欺骗敌人，我可以通过改听来达到目的。

下面我们通过改听单钓的经典例子说明一下为了骗敌而改听的方法，实战中，牌手可以根据具体情况灵活决策如何改听。

当我手中的立牌仅余 4 张时，敌人往往能比较准确地判断出我的牌情，扣住我的待牌，使我不能食和。为了快速食和，我可以通过改听的办法欺骗敌人，让敌判断错误，舍出我的待牌来。比如，我手中的 4 张立牌是一二三条、九万，听牌为单钓九万。由于敌对我牌判断得很清楚，无人放炮，我不能食和。这种情况下，如果上家舍出安全牌二条，我可以用一三条吃进，尔后舍出九万，改听成单钓二条。这样一来，他人多会以为我手中仅剩的一张立牌肯定是九万的靠张，不是八万，就是七万，基本上不会想到我听的是单钓二条。如果有人为了盯我而舍出自以为安全的二条，就会正好给我放炮。再如，我听的牌是单钓三饼，手中有七八九饼顺子，上家舍出六饼后，我用七八饼吃进，舍出三饼，他人极难猜出我改听成了单钓九饼。

（六）多步改听

有时，一些牌型不能一步改成更好或理想的好听姿，需要两步甚至多步才能最终改好。

大家都知道听边张时，当揭进四六后，舍出幺九，虽然先改听成夹张并没有改善听姿，但却有了下一步改听成两边上好听口的机会。这一情况非常简单，一般牌手都会处理，但如果情况复杂，却并不是每一位牌手都能处理得好的。例如：

二饼	三饼	四饼	五饼	六饼	七饼	七条	七条	七条	板	板	八万	九万

这手牌听边七万，待牌4张，听口不佳。如果有人舍出白板，碰不碰？应该碰！因为，碰白板后，可以舍出八万，先暂时改听成单钓九万，待牌3张。这样改听，不但没有改善听姿，反而在一定程度上使听姿更差。但是，由于手中有二三四五六七饼中张六连牌和七条暗坎，后面揭上来一二四五七八饼或五六八九条中的任意一张，就会改听成好口子。

对于需要不止一步才能改善成更好或理想听姿的较复杂牌型，牌手要会谋划，做到心中有数，否则，遇到可以改变听姿的情况时牌手很可能会因为考虑不到而错失良机。比如上例，如果牌手没有想到后面可以改听成七条暗坎及其联络牌形成的待牌组合，那很可能他会觉得碰白板后对改善听姿无益，放弃碰白板，甚至，当牌手没有想到相关情况时，可能等别人舍出白板后他根本没有反应。

三、退 听

"退听"即退回听牌，是指已经可以和牌，但却不报和，又舍出牌，重新听牌，由和牌退回到听牌。

牌手自摸得分较多，因此，自摸和牌时退听的情况几乎没有。一般情况下，退听是在食和后，由于牌手觉得食和得分较少，因而并不报和，又舍出一张牌，重新听牌，企图在后面自摸成和，赢取更多的得分。

出现退听的情况主要是：牌手本来听的是对倒的听牌模式，有人舍出待牌后，牌手本可碰牌报和，但因为食和得分少，并不报和。但是，如果弃碰后，会使待牌更少。因此，牌手虽然不报和，但会选择碰牌，之后，在已经可以和牌的手牌中选择三连牌形成的顺子或六连牌形成的两个相连顺子中舍出一张两头的牌，改听成更好的两边上或非常好的三边上新听姿，再次听牌。再次听牌后，由于听口较好，会有很多自摸的机会。而且，由于该牌手碰牌后舍出的牌正好是自己的待牌，如果他人盯牌，往往会跟着该牌手舍出的牌或其筋线牌舍，当他人舍出待牌时，该牌手如果觉得自摸不易或形势紧张，还可以再次选择食和。也就是说，改听后不但自摸的概率大，而且还更容易食和。例如：

A1	A2	A3	B1	B2	B3	北	北	九饼	九饼	六条	七条	八条

这手牌本来听北风和九饼两对倒，有人舍出北风或九饼后，本来可以和牌，但考虑到食和得分太少，当时又在牌局早期，还有很多自摸机会，因此，碰出后不报和，而是舍出六条，重新听牌。例如碰出九饼，舍出六条，重新听牌：

九饼	九饼	九饼	A1	A2	A3	B1	B2	B3	北	北	七条	八条

第四章　听牌技巧

重新听牌后，待牌为六九条两边上，除去自己舍出的1张六条，还有7张，自摸的概率较大。

如果听的是搭子的待牌，当上家舍出待牌后，也可以吃进改听。例如：

| A1 | A2 | A3 | 中 | 中 | 一条 | 二条 | 三条 | 四条 | 五条 | 六条 | 一万 | 二万 |

这手牌听的是边三万，当上家舍出三万后，可以不报和，但用一二万吃进三万，舍出一条，重新听牌：

| 一万 | 二万 | 三万 | A1 | A2 | A3 | 中 | 中 | 二条 | 三条 | 四条 | 五条 | 六条 |

这样，待牌就成了一四七条，自摸的概率非常大。

需要说明的是，退听后虽然自摸的概率较大，并且食和也更加容易，但是，退听毕竟放弃了自己和牌的机会。牌场上的情况瞬息万变，很有可能因为自己放弃了一次和牌的机会就造成了最终不能和牌，甚至还会给他人放炮或挨自摸，那样，自己不但不能得分，还要失分。所以，退听有一定的风险，牌手一定要把握好退听的时机，以避免不但放弃了得分的机会，还要失分的糟糕情况出现。如果牌手对形势判断不清，那最好还是不要轻易退听，而宜食和，使自己获胜得分成为既定事实。牌手必须明白这个道理：以放弃到手的得分换取获得高分的可能是要冒风险的！

113

第五章 组牌技巧

进攻时，牌手朝着和牌的方向组织手牌，叫组牌。组牌水平的高低决定了手牌能否更快地向更高一级牌姿前进，决定了能否快速听牌和听姿的优劣，决定了能否和牌以及和牌得分的大小。

特殊牌型要求最后形成特殊的固定模式，其组牌技巧相对简单，因此，组牌技巧主要用在打基本牌型时。

组牌的直接目的是为了使未成牌组的牌成为牌组。组坯不够时，需要靠牌；组坯多余时，往往需要拆除其中的一些组坯。这两方面的技巧就是组牌时两个相反相成的技巧：靠牌技巧和拆牌技巧。有时，虽然组坯数量足够而且也不多余，但是，一些组坯不好，这时，需要改良组坯，要用到改牌技巧。

从一定意义上说，打麻将其实就是靠牌、拆牌而已，因此，我们可以说，组牌是打麻将的核心技巧。实战中，牌手战略战术水平的高低，攻防能力的强弱，甚至包括打牌风格、偏好，等等，也都集中体现在其组牌技巧上。

第一节 手牌进攻时的组牌原则

组牌的目的是使手牌尽早听，并使听姿尽量好，最终早和、得高分。为了实现这一目的，在进攻时，要坚持以下原则：

一、快

"早听三分和。"打麻将时，牌听得越早，对牌手越有利。"兵贵神速"，在组牌时，要看怎样能使手牌更快地进入到高一级的牌姿，以快速听牌，最终快速和牌。所以，组牌首先要坚持快的原则——怎么快就怎么打。

一般情况下，牌手都知道，打基本牌型时，要看怎样能使牌姿更快地进入到更高一级，以更快地听牌。这是战术上的具体技巧。在战略上，选择进攻方向时，也要看打基本牌型能更快地听牌，还是打某种特殊牌型能更快地听牌。这个问题容易被忽视，而且，有的牌手还处理不好这个问题。实战中，我们经常遇到这种情况：手牌已经有五对，按巧七对的特殊牌型算，是一入听。这时，如果有人舍出某个对子的同牌，我碰不碰？这种情况下，就要看怎样能更快地听牌了。一般情况下，基本牌型比巧七对容易上听，而且其待牌往往更宽，但如果因为碰牌而使巧七对的一入听牌姿退为基本牌型的二入听牌姿，那就把牌打远了，可能会晚听牌。所以，这种情况下碰不碰牌的主要依据是：碰牌后，按基本牌型算，是否仍为一入听。如果碰后仍是一入听，就应该碰。因为打巧七对时要给手中未成对的3张牌揭上一个对子才能听牌，上牌机会比较少，听牌较难，而打基本牌型机动余地大，容易进张，听牌较易。但如果碰牌会退回到二入听，那就不如不碰，以免错过快速听牌的机会。例如：

| 东 | 东 | 四万 | 四万 | 九万 | 九万 | 三条 | 三条 | 四条 | 四条 | 五条 | 七饼 | 九饼 |

这手牌已经有五对，按巧七对算，是一入听。如果这时有人舍出了某个对子的同牌，碰不碰？我认为，是否应该碰对子，关键要看能碰的对子是哪个。如果有人舍东风、四万、九万，就宜碰出。碰出后，只能打基本牌型，但仍是一入听，而且，打基本牌型比打巧七对相对更容易听牌，所以，宜碰。如果有人舍三条或者四条，就不宜碰。碰出后，牌姿退回到二入听，而且四万是中张，不易碰出，这样，就不如不碰，坚持打巧七对。

二、宽

人们常说："牌往宽处打。"所谓宽，是指待牌的幅度宽，即待牌的种类数量多。这个道理很简单，因为按照概率，待牌种类数量越多的组坯，越容易进张形成牌组。当然，在实战中，计算待牌的种类数量时，要看其实际待牌数量。

为了使待牌更宽，有两个一般性的原则需要牌手注意。

一是，舍牌不蚀张、待牌数量多。取舍牌时，要以不蚀张为原则。不蚀张，即不打亏牌，牌手要按待牌数量更多的打法打牌。比如，单张牌之间相比较，联络能力越强的牌，其待牌数量就越多，因此，靠牌时，若在联络能力不同的单牌之间选择，要留下联络能力更强的单牌。再如，坯子之间相比较，越好的坯子，其待牌数量就越多，因此，拆牌时，若在好坯子和差坯子之间选择，要拆更差的坯子。

二是，留门不宜杂、牌群牌数多。一般情况下，如果手牌的门类单一，那么，某一门牌的数量就会较多，待牌牌群的牌数就会较多，其待牌相对也容易变多，而且，调整的余地也往往很大。俗话说："牌脚越长越好打。"是非常有道理的。经常打牌的人在实战中也应该都能体会到：一门数牌的牌越多，越好打。另外，在计番的牌局，门类单一比门类繁杂更容易形成大番，坚持这一原则也往往能使番分更多。需要注意的是，留门不宜杂说的是在同等情况下，留牌时，可以向门类单一的方向留，但如果需要靠搭子，还是以看哪些牌的组牌能力强为标准。比如一入听的牌，需要靠搭听牌，当在三万、七万、四饼中选择舍出一张牌时，还是应该舍三七万中的一张。因为，虽然留下三七万，上来万子牌中的任意一张都能组搭听牌，待牌有 9 种 34 张，但如果留下四饼和三七万中的任意一张，待牌数量将增至 10 种 38 张。

三、易

打麻将时，待牌数量相同的不同组坯，进张的难易程度常常并不相同，有的容易成组，有的难以成组。

待牌数量相同的组坯，从自己揭进待牌的角度讲，一般来说，概率是一样的。但是，从敌人供牌的可能性上讲，由于不同的牌对他人的用处大小不同，他人对不同的牌判定的安全程度不同，因此，不同的待牌，进张的难易程度会有差异。这样，我们在组牌时，就要留下那些待牌是他人容易舍出来的牌。他人容易舍出来的牌，可以从下面三个角度看。

一是联络能力低的牌。从进攻的角度讲，一般情况下，联络能力越低的牌，牌手用上的可能性越小，他们在选择舍牌时，越容易舍出来。字牌幺九的联络能力必然是很低的，最容易被舍出来。实战中，几乎在每一盘，海里的字牌幺九占据的比例都是最多的，其道理就在于此。有的中张牌虽然理论上的联络能力强，但如果其联络牌在明牌中数量较多甚至有的联络牌成了断牌，就会降低这种牌的实际联络能力，这些牌也容易被舍出来。实战中，经常会出现一些中张数牌被集中舍出的情况，其道理就在于此。因此，组牌时，如果待牌的联络能力低，就容易吃碰杠和。

二是他人不要的牌。打麻将时，每一家的牌情不同，对牌的需求不一，有的牌对他非常有用，有的牌用处一般，有的牌没有用。即使是联络能力很强的中心牌，也不一定对每家都有用。实战中，在具体的每一盘，每一家都会因为自己的牌形特点而不需要一些牌。如果观察分析出了某一家的牌情，断定他不需要某些牌，在组牌时，就可以专门组成待牌包括某家不要的组坯，等待他们舍出这些牌。有的高手在打麻将时会专门留下某一两家或某两三家不要的某一门牌，其原因就是，别人越不要的牌，越容易舍出，留下这门牌，容易吃、碰、杠和。

三是熟牌。从防守的角度讲，熟牌安全，大家容易舍出来。如果待牌包括熟牌，就容易吃、碰、杠和。

四、变

打麻将时，牌情发展变化很快，如果自己手牌没有变化，往往不能应付很多情况，因此，在组牌时，要尽量使牌的变化余地大一些。牌的变化越大，越能应付更多的情况。

实战中，有一种情况牌手经常会遇到：要从含幺九的延长搭子中舍一张牌，是舍幺九呢，还是舍四六？一般情况下，牌手都会选择舍幺九，留四六。为什么呢？就是因为留下四六变化大。留下四六后，如果上来五，就能改成两边搭子，使待牌数量增加一倍。

坚持变的原则，在组牌过程中，取舍牌时，就要看留下哪种牌能使手牌的变化更大一些。例如：

东	东	东	三饼	四饼	七饼	二万	三万	四万	五万	六万	七万	九万	九条

这手牌，需要舍一个孤张，一般情况下应该考虑舍九万或九条。如果舍九条，留下九万，后面揭进八万，万子牌成了二三四五六七八九万的八连牌，是非常好的牌群，对听牌十分有利。如果舍九万，留下九条，就没有那样的效果。由于留下九万的变化大，因此，应该舍九条。

有时，即使在听牌后，考虑到能变化，能组成待牌更多的牌组，也需要对听姿进行适当的调整。在一次实战中，某牌手已经听牌，待牌牌群是五六六七八万，待牌组合是五六万，待牌为四七万。后面揭进了三万，这时，应该舍三万呢，还是应该舍六万？当时，七万海内已现3张，因此，舍三万或六万，待牌都只有四万1种。但是，舍三万，留下五六六七八万，变化余地很小；舍六万，留下三五六七八万，如果揭上来二万，就可以舍五八万中的一张，把待牌组合改成二三万，使待牌扩展为一四万2种。由于该牌手考虑到了这个问题，因此，他留下了三万，舍出了六万。后面，他果然揭上来了二万，使待牌增听成了一四万，并且最后自摸一万和牌。

第二节　组坯不够时的靠牌方法

打基本牌型，和牌要求形成四模一将，共五组牌，因此，进攻时，牌手就要朝组成五组牌的目标打。当牌组和组坯不足五组时，牌手就需要给孤牌靠张，形成组坯，并最终形成牌组。

一、靠牌的原则

靠牌是为了靠成组坯并最终形成牌组，因此，靠牌时，怎样能更快地形成组坯并更快地形成牌组，就怎样靠牌。在靠牌时，应该坚持下面一些原则。

（一）留下容易靠成坯子的牌

联络能力越强的牌，靠牌的能力越强，因此，在取舍时，宜留联络能力强的牌，舍联络能力弱的牌。例如：在一条和七万之间进行选择，就宜留七万，舍一条。

实战中，评价某牌的联络能力强弱时，要注意结合明牌的情况。随着其联络牌在明牌中出现得越来越多，该牌的靠牌能力会变得越来越差。牌手在决策取舍时要考虑到这一因素，不能光看牌的理论靠牌能力。例如，在二饼和三条之间选择时，如果一二三四饼海内只有个别张，而一二三四五条海内出现了很多张，那么，就宜留二饼，舍三条。

（二）留下容易靠成待牌数量更多的坯子或复合坯子的牌

靠成的坯子或复合坯子的待牌数量越多，越容易形成牌组，因此，靠牌时，要考虑组成坯子或复合坯子后，其待牌数量是否更多。

靠牌时，一般牌手都能考虑到靠成独立坯子后哪个坯子的待牌更多，但高明的牌手不但能考虑到靠成独立坯子的待牌多少，还能考虑到是否能靠成待牌很多的复合坯子。

待牌数量多的简单复合组坯有两类，一类是中张五连牌，可以形成三边上；一类是两边上暗坎挂单，可以形成单钓将带两边上，这两种复合坯子的待牌都有 3 种 11 张之多。为了有形成五连牌的希望，就要注意留下与中张顺子容易形成中张五连牌的单牌；为了有形成两边上暗坎挂单的希望，就要注意留下中张对子及与其相连的中张单牌。例如：

A1	A2	A3	B1	B2	B3	二万	四万	五万	六万	三条	五饼	六饼	六饼

这手牌，应该从二万、三条和五饼中考虑舍一张。如果舍二万，待牌有一二三四五条、三四五六七饼，共 10 种 36 张。如果舍三条，待牌有一二三四七万、三四五六七饼，共 10 种 35 张。如果舍五饼，待牌有一二三四七万、一二三四五条、六饼，共 11 种 39 张。如果单纯从靠牌的待牌张数上讲，最佳方案应该是舍五饼，其次是舍二万，最差方案应该是舍三条。但是，无论是舍五饼还是舍二万，都会失去听三种牌的可能。

而如果舍三条，虽然靠牌时少了几张，但假若揭进三万，舍出五饼后，就能形成二三四五六万听三边上一四七万的好口子；假若揭进六饼，舍出二万后，就能形成五六六六听单钓五饼带两边上四七饼的好口子。所以，为了创造靠成待牌数量很多的复合坯子的机会，这手牌应该考虑舍三条。

（三）留下靠成坯子后待牌容易进张的牌

靠牌的直接目的是为了靠成坯子，最终目的还是要形成牌组，因此，需要靠牌时，不但要考虑当前是否容易靠成坯子，还要预先考虑靠成坯子后是否容易进张。

靠成坯子后，哪些牌容易进张呢？一是联络能力弱的牌。联络能力弱的牌大家不要的可能性大，容易舍出来。二是某家不要的牌。有的牌虽然联络能力强，但某家不需要它，对他来说，这样的牌就容易舍出来。所以，在靠牌时，还要考虑到这两方面的因素。

1. 靠成坯子后，坯子的待牌联络能力低

如果不考虑具体敌人的舍牌情况，就应该留下那些靠成坯子后，坯子的待牌联络能力低的牌。数牌联络能力由低到高的顺序是幺九、二八、中心牌。因此，如果能留下靠成坯子后待牌为幺九或二八的牌，那么，就容易进成牌组。比如，在三万和六万之间进行选择，应该留下三万。因为，留下三万，靠成的搭子有二三万和三四万两边搭子，有一三万和三五万夹张搭子，共4种，这些搭子的待牌，除三五万夹张搭子的待牌是四万外，其他搭子的待牌都包括联络能力较低的二万或一万，进张容易。而如果留下六万，靠成的搭子有五六万和六七万两边

搭子，有四六万或六八万夹张搭子，共4种，这些搭子的待牌，除六七万两边搭子的待牌中包括联络能力较低的八万外，其他皆为中心牌，进张困难。

实战中，如果某种数牌出现得过多，其邻牌的联络能力就会降低，这种情况下，即使其邻牌是中心牌，也容易被大家舍出来。在靠牌时，如果注意到了这一点，就可以故意留下靠成坏子后的待牌是出现较多牌的邻牌可能性大的孤牌。例如，四条被人碰出，当在七条和七万之间选择留牌靠搭时，就应该留下七条。因为，如果给七条靠上六条，其待牌中有四条的邻牌五条，四条被人碰出，五条舍出来的可能性比五万要大。同样的道理，在一条和别的幺九之间选择留牌靠搭时，应该留下一条。留下一条后，如果靠成一二条边搭子，由于其待牌三条是被人碰出四条的邻牌，因此，三条舍出来的可能性比其他三七牌要大。

这个原则告诉我们：如果自己有某种对子或暗坎，在靠牌时，还可以故意留下其相邻的筋线牌。因为一旦碰出对子或要牌开杠，其邻牌就容易被舍出来。例如，自己手中有五饼对子，当要在二饼和其他二八牌之间选择靠牌时，可以故意留下二饼。因为，如果给二饼靠上三饼，其待牌为一四饼，一旦碰出五饼，就会让别人看到四饼的待牌能力明显变低，容易被舍出来。

2. 靠成坏子后，坏子的待牌别人不要

如果考虑到了具体敌人的舍牌情况，就应该留下靠成坏子后的待牌容易被该敌舍出来的那些牌。

这一原则告诉我们：别人不要哪门牌，我在留牌时可以故意留这一门牌。别人不要的某门数牌，往往说明他手中这种牌

少，牌墙中多，我留下来容易靠牌，其待牌我容易揭上来；而且，由于他人不要，我的这些牌靠成坯子后，他人也容易给我供牌放炮。

打麻将时，大家经常会遇到类似这样的情况：八饼已见3张，九饼已见3张，我手中若听的是七八饼两边上六九饼，会非常容易食和。其道理何在？因为他人手中没有八饼，九饼也已经出现了3张，那么，谁也留不住九饼，一般情况下，对手揭到九饼后即会大胆舍出。

上例给了我们一个启示：如果需要用数牌靠张成搭，留熟张比生张要好，留三熟牌即末张最好。比如，三家各舍出了一张四万，我手中有一个孤四万，如果需要给孤牌靠搭，这时，可以考虑专门留下四万。因为，他人不要四万，往往也不会要四万附近的牌，我给四万靠牌成搭后，其待牌容易被他人舍出来，我吃进食和皆容易。

在允许吃的牌局，上家的舍牌门类对下家的影响很大，同样地位的搭子，如果留下待牌是上家容易舍出的搭子，就容易吃成顺子；如果留下待牌是上家不易舍出的搭子，就不易吃成顺子。所以，在选择靠牌时，要看上家容易舍出哪些牌。在不同门数牌之间选择时，要留下上家容易舍出的那门牌；在同门数牌之间选择时，要留下上家容易舍出牌的联络牌。比如，三万和三条两张孤牌，地位一样，如果从二者中选择一张留下，在其他情况不影响时，就要考虑上家容易舍出哪些牌了。如果上家不要万子或小万子，就应该考虑舍三条，留下三万。因为留下三万，后面靠成搭子后，容易吃进成顺。如果上家舍牌中的万子或小万子很少，那可能上家需要万子或小万子，这时就要考虑舍三万而留下三条。因为留下三万，后面靠成搭子后，不易吃进成顺。

即使牌局不允许吃牌，但听牌后，别人舍出的牌自己可以食和，因此，也要考虑留下靠成搭子后的待牌是他人容易舍出来的牌。比如，下家一直在舍万子牌，自己需要靠牌时，可以专门留下万子，这样，一旦给万子牌靠成搭子并成为听牌后的待牌组合，那么，下家舍出其待牌的可能性会非常大，自己容易食和。

二、靠牌的技巧

靠牌是指靠成搭子或对子，因此，靠牌技巧就是指靠搭子或靠对子的技巧。

（一）在两张孤牌之间进行选择时

根据靠牌的原则，在孤牌之间进行选择时，一般情况下，应该留下组牌能力强的孤牌。

组坯不够时，留孤牌的目的是为了更快地靠张成搭子或对子，并进一步形成牌组，因此，靠牌时，就要看哪张孤牌可以靠成坯子的概率更大，并且靠成坯子后的待牌更多。也就是说，一般情况下，需要给孤牌靠张形成组坯时，要留组牌能力强的牌。孤牌组牌能力的强弱即该牌联络能力的强弱。单牌联络能力的强弱顺序是中心牌、二八、幺九、字牌。因此，靠牌时，就要按这一顺序进行取舍。例如，在九万与四条之间选择，要舍九万而留四条。当然，实战中，我们不仅要看理论上哪张牌的组牌能力强，而且还要观察实际上哪张牌的组牌能力强。例如，三饼与七条，从理论上讲，其组牌能力是一样的，但如果当盘海内已经出现了一些小饼子牌，或者有人倒明的模子中包含了一些小饼子牌，那三饼的实际组牌能力就降低了，这样的话，在三饼与七条之间选择时，就应该考虑舍出三饼，留下七条。

（二）在同门有关联的三张孤牌之间进行选择时

同门数牌中，有许多牌是相互关联的，有一定的关系。如果需要靠牌，当在同门有关联的多张牌之间进行选择时，要用联系的观点看问题，不能只看每一张牌的联络能力大小，而应该看其中一些牌与另一些牌相比较，哪些牌共同的联络能力更强。

打麻将时，经常会遇到同一门数牌中有三张孤牌的情况。如果要在同门数牌的三张孤牌中选择舍出一张，应该舍哪一张？下面，我们逐一分析一下同门数牌中有三张孤牌的情况，看如何取舍最有利。

1. 筋线上的三张孤牌

当有一四七、二五八、三六九的筋线牌各一张时，为了快速靠牌，应该分别舍一、五、九。

一四七中，舍去一后，除过上一，其他的牌都能靠成搭子或对子，而且所组搭子不会比一所组的搭子差，所以，应该舍一。同样的道理，三六九中，舍去九，最有利于靠成搭子或对子。

二五八中，舍去五后，除过上五，其他的牌都能靠成搭子或对子，因此，一般情况，可以考虑舍五，留下二八靠牌。

2. 一四八或二六九

这两种牌型的道理是一样的，我们以一四八为例讲解。一四八中，一四是筋线牌，舍去边张一后，除过上一，皆不亏牌。所以，这两种牌型应该舍边张幺九。

3. 一四九或一六九

这两种牌型的道理是一样的，我们以一四九为例讲解。一四九中，一四是筋线牌，因此，舍去一后，除过上一，皆不亏牌。所以，这两种牌型应该舍边张幺九。

4. 一五八或二五九

这两种牌型的道理是一样的，我们以一五八为例讲解。一五八的牌，如果舍一，那么，上来三四五六七八九共7种牌26张都能靠成搭子或对子；如果舍五，那么，上来一二三六七八九共7种牌26张都能靠成搭子或对子；如果舍八，那么，上来一二三四五六七共7种牌26张都能靠成搭子或对子。也就是说，舍任何一张牌，组成一个搭子或对子的待牌种类和数量都是一样的。这样，就要进一步看舍哪张牌，余下的牌容易靠成两边上的好搭子了。如果舍一，上来四六七能靠成两边上的好搭子；如果舍五，上来七能靠成两边上的好搭子；如果舍八，上来四六能靠成两边上的好搭子。可见，舍一对靠成两边上的好搭子最有利。所以，这两种牌型应该舍边张幺九。

5. 一五九

遇到一五九的情况时，如果都能保留下来，那么，上同门任何一张牌都能靠成搭子或对子，而如果必须在其中选择舍一张牌，那么，要留下五，舍去一或九。舍一和舍九的道理是一样的，下面我们以舍去一和舍去五两种情况来分析。如果舍去一，留下五九，那么，上来三四五六七八九共7种

127

26张牌都能靠成搭子或对子；而如果舍去五，留下一九，则只能上来一二三七八九共6种22张牌能靠成搭子或对子。而且，如果留下一九，即使靠成搭子，也必然是夹边张搭子。而留下五，对靠牌很有利：如果上来四六，能靠成两边搭子；如果上来三七，也容易转化成两边搭子，当上来七时，还能形成五七九的三夹二复合搭子。所以，这种牌型应该舍去一或九。

（三）在同门相邻的筋线牌与另一门孤牌之间进行选择时

从牌的联络能力上讲，数牌的地位有三种：幺九、二八、中心牌。这样，我们可以把相邻的筋线牌分为三类：第一类由幺九和中心牌组成，分别有一四和六九两对；第二类由二八和中心牌组成，分别有二五和五八两对；第三类由两种中心牌组成，分别有三六和四七两对。前两类筋线牌中的两种牌地位有差别，一种牌是偏张牌，一种牌是中心牌；后一类筋线牌中的两种牌都是中心牌，地位基本没有差别。因此，如果要从前两类筋线牌中选择，肯定要舍出偏张牌；如果要从后一种筋线牌中选择，可以随便舍出一张。

同门相邻的筋线牌，它们的联络牌必有2种是相同的，因此，当另一门孤牌的地位和筋线牌中差牌的地位相当，或者比筋线牌中差牌的地位还好时，舍出筋线牌中的差牌，留下孤牌和筋线牌中的好牌，更有利于靠牌。比如，从二五万和二饼中选择，二饼和二万的地位相同。如果舍二万，上来三四五六七万、一二三四饼共9种34张牌，能靠成搭子或对子；如果舍二饼，上来一二三四五六七万共7种26张牌，能靠成搭子或对子，所以，应该舍二万。再如，从六九条和二万中选择，二万比九条的地位好。如果舍九条，上来四五六七八条、一二三四万共 9 种 34 张牌，能靠成搭子或对子；如果舍二万，上来四五六七八九条共 6 种 22 张牌，能靠成搭子或对子，所以，应该舍九条。

另一门孤牌的地位不如筋线牌中差牌的地位好时，具体有三种情况。

第一种情况：筋线牌是二五、五八，孤牌是幺九。我们以五八饼和一条为例进行分析。如果舍八饼，上来三四五六七饼、一二三条共 8 种 30 张牌，能靠成搭子或对子；如果舍一条，上来三四五六七八九饼共 7 种 26 张牌，能靠成搭子或对子。可见，这种情况下，舍出筋线牌中的差牌，更有利于靠牌。

第二种情况：筋线牌是三六、四七，孤牌是二八。我们以三六条和八万为例进行分析。如果舍六条，上来一二三四五条、六七八九万共 9 种 34 张牌，能靠成搭子或对子；如果舍八万，上来一二三四五六七八条共 8 种 30 张牌，能靠成搭子或对子。可见，这种情况下，舍出筋线牌中的一张牌，更有利于靠牌。

第三种情况：筋线牌是三六、四七，孤牌是幺九。我们以四七万和九饼为例进行分析。如果舍四万，上来五六七八九万、七八九饼共 8 种 30 张牌，能靠成搭子或对子；如果舍九饼，上来二三四五六七八九万共 8 种 30 张牌，能靠成搭子或对子。仅从靠牌的数量上讲，这两种打法一样，但是，留下幺九，靠成的搭子必定较差，而留下两张皆是中心牌的相邻筋线牌，容易靠成好搭子。因此，这种情况下，舍出幺九，更有利于靠牌。

（四）在不同门类多张孤牌之间选择时

有时，尤其是在开局阶段，手中孤牌的数量会较多，也不单属于一门，需要牌手在多张而且不属于同一门的孤牌中选择舍出一张。这种情况下，牌手需要重点考虑两个问题。

1. 舍对靠牌所起作用最小、最不亏牌的牌

当孤牌较多并且不属于同一门时，既要看各个孤张单独的组牌能力强弱，还要把不同门类的数牌联系起来，综合分析比较，舍对靠牌所起作用最小的孤牌。例如：

板	板	板	中	中	二条	五条	九条	一万	四万	八万	二饼	五饼	八饼

这手牌差三个模坯，数牌皆是孤张。其中，九条和一万的靠牌能力最弱，要先在这两张牌中选择一张舍出。由于一万有相邻的筋线牌四万，而九条没有相邻的筋线牌，因此，舍出一万，最不亏牌。

2. 注意留下容易形成三夹二牌型的孤牌

三夹二复合搭子的待牌较多，因此，当手中的孤牌较多且不属于同一门时，要注意看能否留下容易靠成三夹二牌型的两张同门孤牌。如果真的上成了三夹二的牌型，它不但比夹张搭子的待牌宽，而且，舍出其中一张牌后，还能起到勾牌的作用。

考虑到容易形成三夹二的牌型，就要注意留下同门数牌中相隔四个数的牌。比如，留下一五，揭进三，能形成一三五的

第五章　组牌技巧

三夹二牌型。再如，留下四八，揭进六，能形成四六八的三夹二牌型。

打麻将时，经常会遇到要在地位相同的两张孤牌中选择舍出一张牌的情况，这时就要注意，看是否有一张牌容易与同门牌形成三夹二的复合搭子。实战中，最常遇到的情况是：要在不同门类之间选择留一张幺九孤牌。这时，就要注意留下同门有五的孤牌。因为留下五与一或九，如果上来三或七，便可以形成三夹二的复合搭子，它比孤单的夹张搭子的待牌多。例如：

二饼	三饼	四饼	七饼	七饼	九饼	南	南	南	一万	五万	一条	七条	八条

这手牌还差一个组坯，一万和一条都是孤张，而且地位相同，但是，万子牌中有孤五万，留下一万，如果揭上来三万，就能形成一三五万的三夹二复合搭子。如果真的揭上来了三万，那时再舍去九饼，手牌就成了一入听，待牌有二四万、六九条共4种。如下：

二饼	三饼	四饼	七饼	七饼	南	南	南	一万	三万	五万	七条	八条

如果当初舍去一万，就不可能有形成三夹二复合搭子的机会。揭上来三万后，只有舍去一条。但作为一入听的牌，待牌却只有四万、六九条共3种，比前一种方法少了1种待牌二万。如下：

二饼	三饼	四饼	七饼	七饼	九饼	南	南	南	三万	五万	七条	八条

(五) 靠对子时需要注意的技巧

少数情况下，牌手希望手中的孤牌上成对子。要靠牌成对，留什么牌才好呢？

1. 最好留下生张孤牌

生张孤牌外漏 3 张，自己揭上来成对的可能性大，因此，留下生张牌容易成对。

2. 留下组牌能力弱的牌

如果想组对，可以考虑留下组牌能力弱的孤牌。组牌能力弱的牌大家往往会先舍出来，如果组牌能力弱的孤牌是生张，虽然也有可能被别人拿成了对子坎子，但也有可能全部或大部分都在牌墙中。如果在牌墙中的数量多，那自己揭上来成对的可能性就很大。而且，如果到最后单钓将，组牌能力弱的牌单钓成功的可能性也较大。

(六) 孤牌加关联模子的联合组牌能力很强

数牌中，孤牌的组牌能力较弱，如果加上一个有关联的模子，孤牌与模子组成的牌群的联合组牌能力往往会变得很强，而且，其调整、变化的余地也会变得很大。当然，如果孤牌有两个甚至多个有联系的模子，其联合组牌能力会更强，调整、变化的余地会更大。因此，组牌时，牌手要充分重视孤牌加模子的牌型。下面我们仅以孤牌加一个有关联的模子为例来说明一下它们为什么比单牌的组牌能力强。

孤牌加一个有关联的模子有两类牌型，一是顺单组合，一是坎单组合。

顺单组合的牌型，往往比单牌的上牌幅度宽，而且，上牌后形成的牌群的待牌也往往更多，调整的余地更大，变化的能力更强。

先看顺子多单的牌型。例如，六六七八条，是六七八条多一个六条，上来四五六七八九条都能形成一个顺子加一个模坯，比孤六条的待牌多1种九条。再如，四五五六万，是顺子四五六万多一个五万，其待牌虽然与孤五万的待牌种类相同，没有增加，但无论上来三四六七万，都可以形成一个顺子加一个两边上的好搭子，而如果是孤五万，却只能与四万或六万组成两边搭子。而且，四五五六万的牌，无论是揭上来三万或七万，形成三四五五六万或四五五六七万，还是揭上来了四万或六万，形成四四五五六万或四五五六六万，它们都比三五万或五七、四五万或五六万的调整余地要大，变化能力要强。

再看顺子加单的牌型。例如，三四五七饼，是三四五饼加一个七饼，揭进二五六七八九饼都能形成一个顺子和一个坯子，比孤七饼的待牌多1种二饼。而且，无论揭进二五六七八九饼中的哪一张牌，所形成牌群的调整余地和变化能力都比五饼仅靠上一张联络牌要好。如果揭进六饼，还能形成五连牌三四五六七饼，其待牌是三边上二五八饼，有3种11张之多，而如果是孤七饼，无论如何靠牌，其待牌最多也只能有2种8张。

坎单组合即暗坎挂单，其优点很多，不但容易形成牌组，而且变化较大。暗坎挂单本身就可以看做是一个对子加一个搭子，上一张恰当的牌后，就可以形成将模组合。如果在入听前没有把暗坎挂单揭成将模组合，最后听成了暗坎挂单的待牌组合，听牌后的口子会很好，容易成和。

由于孤牌加模子的联合组牌能力很强，因此，为了创造容易形成孤牌加模子的机会，牌手要适当注意与搭子或对子有联系的孤牌，当留下与搭子或对子有联系的孤牌不亏牌或者基本不亏牌时，就可以考虑留下这样的孤牌。例如：

二万	八万	南	南	南	二条	四条	五条	一饼	一饼	一饼	六饼	六饼	八饼

这手牌组坯不足，需要靠牌，可以从二八万、二条、八饼中选择舍出一张，考虑到二条有与四五条搭子形成二三四五六条中张五连牌的机会，八饼有与六饼对子形成六六六八饼坎子挂单的机会，当前，应该从二八万中选择舍出一张。

第三节　组坯多余时的拆牌诀窍

打基本牌型时，如果牌组和组坯多于五组，一般情况下，当没有孤牌可舍时，就要从未成牌组的组坯中选择拆舍，这就是打麻将时经常遇到的拆牌问题。

一、拆牌的原则

拆牌其实是为了留牌，因为拆一些牌实质上是为了留下另一些牌。这样，在选择拆组坯的时候，就要看哪些组坯容易进张形成牌组，或者容易转化成更好的组坯，从而容易间接形成牌组。

有时，有两个以上的差组坯，这种情况下，虽然需要拆牌，但同时还要照顾到靠牌，这样，在拆牌时，就要注意考虑应该先舍哪张牌，以便留下的牌有可能靠成好的组坯。

（一）留容易形成牌组的坯子，拆不易形成牌组的坯子

组坯多余的情况下，如果需要拆牌，要拆不易形成牌组的坯子，留下容易形成牌组的坯子。那么，哪些组坯容易成牌组，哪些组坯不易形成牌组呢？这主要看以下几个方面的因素。

1. 计算坯子的待牌数量，留待牌数量多的坯子，拆待牌数量少的坯子

留下组坯的目的是为了使之成为牌组。组坯的待牌数量越多，越容易上牌形成牌组，因此，在决策拆组坯时，首先要比较组坯的待牌多少。

比较组坯的待牌多少，实战中，不能只看组坯在理论上的待牌数量，还要看明牌。有时，虽然有的组坯在理论上的待牌数量很多，但由于其待牌在明牌中已经出现了多张，因此，反而可能不如理论上待牌数量少的组坯。比如，三四万两边搭子与八九万边张搭子相比较，从理论上讲，三四万搭子的待牌有8张，八九万搭子的待牌有4张，一般情况下，应该留三四万搭子，拆舍八九万搭子。但是，如果当盘二万已被人碰出，五万海里舍了3张，而七万没有出现，那么，三四万搭子就反而不如八九万搭子好。因为，三四万搭子的待牌只剩下了2张，而八九万搭子的待牌仍然有4张，后者的待牌数量是前者的2

倍。所以，这种情况下，应该拆三四万两边搭子，留下八九万边张搭子。

2. 判断待牌在牌墙中的数量，留待牌在牌墙中数量可能多的坏子，拆待牌在牌墙中数量可能少的坏子

留坏子的目的是为了让它成为牌组。成为牌组的途径只有两条，一是吃、碰牌，二是自己把待牌揭上来。吃、碰牌毕竟不可靠，因此，留牌时，最好留那些容易揭上来待牌的组坏。那么，哪些牌自己揭上来的可能性大呢？自己揭上来可能性大的牌，是在牌墙中数量多的牌，因此，在决策拆留坏子时，牌手要善于判断坏子的待牌在牌墙中的数量。

通过明牌可以计算出某种牌未出现的数量。但是，判断某种牌在牌墙中的数量，不能光看明牌，还要看这种牌在其他人手中可能占有的多少。看某种牌在其他人手中可能占有的多少，主要是通过他人的舍牌情况来判断的。

打牌时，可以通过大家的舍牌情况对有的牌是否在别人手中成对或成坎、成杠的情况判断一二，如果自己的待牌有这类牌，在拆留坏子时，就要考虑这一因素。比如，某盘中局，自己有二三万搭子和七八万搭子，需要考虑留一个拆一个。海中一万不见一张，四万有一张，六万有一张，九万有一张。这时，从明牌上能够看出，二三万的待牌有7张，七八万的待牌有6张，似乎应该留二三万，拆七八万。但是，由于幺九在中局前大家多会舍出一些，而此盘已至中局，一万尚未出现一张，那极有可能是其他人揭成对子或坎子甚至杠子了，如此一来，二三万倒不如七八万容易进牌。因为，即使有人只拿了一对一万，但对自己来说，一四万也只有5张，不如六九万的6张多；而且，如果上家舍出一万，自己想吃时，有对子的一家

还可能在自己将要吃的时候夺牌碰出，如果真的那样，待牌数量还会进一步降低，变为4张。所以，在类似这种情况下，二三万搭子很有可能反而不如七八万搭子好。

在两边搭子中，大家都知道，一般情况下，二三、七八搭子最优，三四、六七搭子居中，四五、五六搭子最劣，因为二三、七八搭子的待牌包括幺九，幺九在数牌中对他人用处最小，容易被舍出来。但是，如果在牌局中后期，当幺九和二八都是生张时，三四、六七搭子倒有可能比二三、七八搭子容易进张。因为幺九比二八容易被舍出，如果到中后期幺九和二八都是生张，那么，幺九被人拿成对子、坎子甚至杠子的可能性要比二八大，所以，牌局中后期，二三、七八搭子往往反而不如三四、六七搭子容易进张。

3. 判断待牌对他人用处的大小，留待牌对他人用处小的坯子，拆待牌对他人用处大的坯子

别人用处不大的牌，容易被他们舍出来，自己在选择坯子的去留时要充分考虑这一因素。如果留下的待牌是别人没有用处或用处小的坯子，不但容易吃、碰，而且在听牌后也容易成和。

判断某牌对他人用处的大小，主要有三条途径。首先，看牌本身的联络能力，联络能力越低的牌，一般来说，对他人的用处越小。其次，根据每家的具体牌情可以判断出当盘哪些牌对该牌手的用处大小。第三，少数情况下，还可通过自己手牌的特点判断哪些牌对他人的用处大小。

(1) **通过牌的联络能力大小看某牌对他人的用处大小，留待牌联络能力弱的坯子，拆待牌联络能力强的坯子**

一般情况下，牌的联络能力越弱，对他人的用处就越小，

137

这些牌就越容易被大家舍出来，因此，决策拆留组坯时，首先要看待牌的联络能力大小。

拆对子时，如果在字牌对子和数牌对子中选择，人们一般都会拆数牌对子，留字牌对子；如果在幺九对子和中张对子中选择，人们一般都会拆中张对子，留幺九对子。为什么呢？就是因为字牌幺九的联络能力弱，他人极易舍出。

拆搭子时，搭子的待牌或待牌之一越靠近外侧，一般越容易被舍出来，所以，在同类搭子中选择时，如果不考虑改善的问题，人们一般都会拆待牌或待牌之一更靠近内侧的搭子，留更靠近外侧的搭子。

除了根据牌本身的联络能力判断外，实战中，还要看一些牌的实际联络能力如何。有的数牌的联络能力本来较高，但随着其联络牌的不断舍出，这些牌的实际联络能力会不断降低，有时甚至与字牌幺九的联络能力相当。比如，在三四万和三四条之间选择取舍时，如果一万被人明杠，六万被人碰出，那么，二五万的联络能力就大大降低了，它们在别人手中被用上的可能性会变小，这会使三四万成为非常好的搭子，这样的搭子当然应该留下来。

(2) **通过舍牌相看某牌对他人用处的大小，留待牌对他人用处不大的坯子，舍待牌对他人用处较大的坯子**

实战中，由于各家牌情不一，因此，虽然有的牌可能联络能力不强，但对他人的用处较大；有的牌可能联络能力较强，但有的人却用不上。针对对手的牌情，可以考虑专门留下待牌是对某一两家或两三家用处不大的坯子。留下这样的坯子，他人舍出其待牌的可能性较大，我容易要牌或食和；而且，他人不要的牌，往往说明他们手中没有这些牌，那这些牌在牌墙中多的可能性就大，我还容易自摸。

第五章 组牌技巧

在很多牌局，通过他人的舍牌相，就基本上可以判断出哪些牌对他人可能有用或者用处可能较大，哪些牌对他人可能没有用或者用处可能较小。

吃牌时，只能吃上家舍出的牌；碰牌时，可以碰任意一家舍出的牌；听牌后，也可以食和任意一家舍出的牌，因此，针对他人舍牌情况决策拆留坯子时，还要分以下两种情况。

①听牌前，针对上家，留待牌为上家不要的搭子

我搭子的待牌如果上家不要，他就易舍出，我易吃进，因此，在听牌前，留搭子时，要注意留待牌上家不要的搭子。这需要牌手观察分析上家的牌情，看上家不要哪些牌。

首先，要看上家不要哪一门牌。留下待牌是上家不要的那门牌的搭子，上家舍其待牌的可能性较大，我容易吃进。比如，七八万和七八饼，两个搭子类型地位一样，如果从二者中选择一个拆开，就要考虑上家的舍牌情况。如果上家不要饼子尤其是大饼子，就可以考虑拆七八万，留下七八饼；而如果上家舍牌中的饼子尤其是大饼子很少，那可能上家要用饼子尤其是大饼子，那就要考虑拆七八饼而留下七八万了。

其次，在同一门牌中，还要观察上家舍出的牌是哪条筋线上的牌。上家不要的牌及其筋线牌容易再次舍出来，我们在选择留牌时，就要注意留待牌为上家容易舍出的那条筋线上的搭子。比如，上家舍出过三万，你在三五五七万中选择留对搭组合时，就应该舍三万，留下五五七万对搭组合，因为五七万搭子的待牌是六万，六万是三万的筋线牌，上家舍出六万的可能性较大；而如果舍七万，留下三五五万对搭组合，由于三五万搭子的待牌是四万，与三万不在一条筋线上，上家舍出四万的可能性相对较小。

②留对子和听牌时，可以针对其他所有人或具体人，留待

牌为敌不要可能性大的坯子

对子可以碰任意一家,听牌后也可以食和任意一家,因此,留对子和听牌时,可以针对其他所有人或具体人,看自己的待牌他人舍出来的可能性大小,留下待牌舍出可能性最大的坯子。

针对所有人时,观察海里明牌的多少就能判断出某牌对大家用处的大小了。比如,在八条和二饼两个对子中选择时,如果大家都在舍大条子牌,而小饼子牌却舍得很少,那就意味着八条对大家的用处可能较小,大家舍出八条的可能性很大;而二饼对大家的用处可能较大,大家舍出二饼的可能性很小,因此,应该留下八条,拆掉二饼。

针对具体人时,可以观察他的舍牌情况,以判断某牌对他用处的大小。比如,听牌时,当在一二三四饼和一二三四条上决策留下一个四连牌求两头钓将时,考虑到庄家最近几巡先后舍出过1张一饼、2张二饼、1张四饼,估计其揭到一四饼后还会再舍,针对他,就可以考虑从一四条中舍出一张,留下一二三四饼两头钓将。

(3) 通过自己手中的筋线牌看某牌对他人用处的大小,留待牌对他人用处不大的坯子,舍待牌对他人用处较大的坯子

如果某个坯子待牌的筋线牌在自己手中较多,那么,一般来说,这样的待牌别人也很需要,他们揭到后,很难舍出。例如:

A1	A2	A3	三万	三万	三万	七万	八万	南	南	七条	八条	二饼	三饼

这手牌,需要拆一个两边搭子。拆哪一个搭子更好呢?一般情况下,应该拆七八万。因为,七八万搭子的待牌是六

九万，自己手中占了 3 个三万，如果他人有四五万搭子，会非常缺三六万，他揭上来六万后自然会留在手中，一般很难因为富余而舍出来，如果万一有人手中再有九万对子或暗坎暗杠，那七八万搭子的待牌就几近绝牌。所以，此牌应该拆七八万搭子。

与两边搭子相比，夹边张搭子的待牌只有 1 种，如果说拆两边搭子时没有考虑到这个因素，但由于两边搭子的待牌有两种，待牌上来的可能性还较大，那么，拆夹边张搭子时，如果拆不好，就更容易使搭子成为死牌，因此，相对于两边搭子来说，在拆夹边张搭子时考虑这个因素就显得更加重要了。例如：

A1	A2	A3	六万	七万	南	南	一条	三条	五条	五条	五条	一饼	三饼

这手牌，需要在一三条和一三饼两个夹张搭子中选择拆一个。一三条的待牌是二条，但由于自己占了 3 个五条，因此，别人揭到二条留用的可能性很大，二条被舍出的可能性会很小。所以，这样的牌，应该拆一三条搭子，留下一三饼搭子。

决定拆舍对子时，也要考虑这一因素。例如：

A1	A2	A3	八万	八万	三条	四条	八条	八条	五饼	五饼	五饼	八饼	八饼

这手牌，需要在八万、八条、八饼之间选择拆一个对子，拆哪个呢？应该拆八饼。因为五饼自己占了 3 个，有人揭到八饼，可能就是其六七饼搭子的待牌，人家求之不得呢！怎么还会舍出来给你碰？

(二) 留容易改良的坯子，拆不易改良的坯子

在进攻时，有些坯子较好，容易直接上牌形成模子；有些坯子较差，上牌很困难。差坯子中，有的容易改良，改良后就容易上牌形成模子了；有的不易改良，始终难以进展成模子。差坯子与差坯子相比较，容易改良的比不易改良的要好。这样的话，我们在选择拆留坯子时，还要看哪些坯子容易转化成更好的坯子，哪些坯子难以转化，留下容易改良的坯子，拆掉不易改良的坯子。

比如，边张搭子与夹张搭子相比较，由于夹张搭子更易转化成两边上的好搭子，因此，宜留夹张搭子，拆边张搭子。

再如，孤搭子与有联系牌的搭子相比较，由于有联系牌的搭子有希望与其相联系的牌组成待牌很多的组合，使待牌数量大大增加，因此，宜留下有联系牌的搭子，拆掉孤搭子。

例如：

A1	A2	A3	一万	三万	五万	六万	七万	一条	三条	七饼	八饼	发	发

此牌要在一三万搭子和一三条搭子中拆一个。拆哪个好呢？拆一三条好。因为留下来一三万搭子，假若后面揭上来一张四万，就会使万子牌变成三四五六七万，这是一个三边上的顺搭组合，非常容易进牌。

实战中，牌手经常会遇到需要从一个夹张顺搭组合和一个两边顺搭组合形成的复合顺搭组合中拆一个搭子的问题，由于夹张搭子的待牌不如两边搭子多，因此，牌手一般都会拆舍夹

张搭子中的外侧牌。比如三五六七七八饼，如果要从中拆一个搭子，牌手一般都会舍三饼。但是，如果六九饼的实际数量已降至和四饼的数量相同时，考虑到容易改良的因素，就宜舍七饼。例如，九饼海内已出现3张，六九饼的实际数量只有4张，和四饼的数量相同，这时，就应该舍七饼，留下三五六七八饼。虽然三五饼是夹张搭子，但是，如果揭上来二饼，舍去五八饼之一，就会把三五饼夹张搭子转化成二三饼两边搭子，使待牌数量大幅增加。

（三）拆牌时注意兼顾靠牌

单独地讲，靠牌和拆牌是相反的，但从总体目标上讲，它们是一致的。靠牌的目的是为了形成搭子，并进一步形成牌组；拆牌的目的是为了留下更好的搭子，最终也是为了形成牌组。因此，如果在拆搭子的同时能考虑到靠牌，那么，拆牌的技术会明显高出一等。

1. 拆孤搭子时兼顾靠搭子

在拆搭子时兼顾靠牌，就要注意舍牌顺序，先舍联络能力弱的牌，后舍联络能力强的牌。暂时留下联络能力强的牌，如果揭来了这张牌的联络牌尤其是邻牌，靠成了比手中其他搭子好的搭子，就可以留下这个好搭子，拆其他劣搭子。

牌手经常会遇到需要拆边搭子的情况。如果手牌还需要改善，那么，在拆边搭子时，为了照顾到靠牌，应该先舍幺九，后舍二八。因为，先舍幺九后，如果在未舍二八前揭进来了三七，就会形成新的二三或七八搭子。二三或七八搭子不但容易吃进食和，而且，你先前舍过幺九，他人很难防备，因此，这时可以留下新的二三或七八搭子，拆别的搭子。

即使需要拆的搭子都较好，当时不存在靠牌的问题，但如果先舍联络能力弱的牌，留下联络能力强的牌，当其他搭子的待牌被人大量舍出或碰出时，就能更好地应付这种情况。例如：

二条	三条	六条	七条	八条	二饼	三饼	九饼	九饼	七万	七万	八万	中	中

这手牌的坯子都较好，根据当前的情况，应该在二三条和二三饼之间选择一个搭子拆掉。假如拆二三条。为了照顾靠牌，应该先舍二条，暂时留下三条。在未舍三条之前，如果有人碰出一饼，并且有人舍出四饼，那么，二三饼搭子的待牌数量会急剧下降，由 8 张变成 4 张。由于三条尚未舍出，后面无论揭上来二条或四条，都可以形成两边搭子，那时，就可以留下这个搭子，而改拆二三饼。如果当初先舍三条，留下二条，由于二条不如三条容易靠成两边搭子，因此，应付这种情况的能力就弱。

2. 拆延长搭子或复合搭子时兼顾上对子

有时，手牌缺对子，当在延长搭子或复合搭子中选择取舍时，为了靠成对子，应该留下易上成对子的牌。

牌手经常会遇到需要从含边张的延长搭子中舍一张牌的情况。一般情况下，从含边张的延长搭子中舍一张牌时，应该舍幺九，因为留下四六容易转化成两边上的好搭子。但是，如果手牌缺对子，最希望在一二四或六八九中最终形成一个对子，那么，就可以舍四六，留下一二或八九。因为，一二或八九的牌联络能力较差，如果别人没有舍出，牌墙中多的可能性会很大，容易揭成对子。即使在听牌前没有揭成对子，听牌时需要钓将，幺九也比四六容易成和。而且，如果其中的幺九组成了对子，当需要碰成坎子时，也比四六容易碰出来。

当从三夹二的复合搭子中拆牌时，如果为了靠成对子，也要注意留更靠近外侧的搭子。比如，要从一三五中选择舍一张牌，如果为了组成搭子，留下三五容易转化成两边上的好搭子，应该舍一；而如果为了组成对子，舍五才较好。因为，如果一和五都没有人舍出，那么，牌墙中一多的可能性比五多的可能性大，留下一比留下五更容易揭成对子。即使最后需要钓牌，一也比五容易钓成功。而且，一上成对子后，也比五容易碰成坎子。

3. 从相隔搭子中选择拆牌时，注意留下搭子隔单的牌型，这样既能兼顾靠搭子，也能兼顾靠对子

当从相隔搭子中选择拆一个搭子时，考虑到可以使手中的牌型有所变化，要注意留下搭子隔单的好牌型。例如，手牌有一二、四五两个搭子，根据当前情况，应该拆一二搭子。如果需要改善组坯，就应该留下搭子隔单的好牌型，先舍一，暂时留下二。因为，留下二四五的牌型，如果揭上来二后，既形成了较易碰出的对二，还可以变化成二二四的对搭组合；如果揭上来三，还能形成四连牌二三四五的好牌型，假若最后需要钓将，就可以两头钓将，比单钓强。再如，需要在二三五六中选择拆一个搭子，例如决定拆五六，那么，应该先舍六，暂时保留下来二三五搭子隔单的好牌型。

二、拆牌的技巧

按照多余坏子的类别，拆牌技巧主要用在下面几种情况下。

(一) 在搭子之间进行选择的技巧

在搭子之间选择拆牌，是拆牌遇到的最基本、最简单的问题。下面是打牌时经常遇到的一些典型情况。

1. 在两边搭子和夹边张搭子中选择时，应该拆夹边张搭子

两边搭子的待牌有 2 种 8 张，夹边张搭子的待牌有 1 种 4 张，因此，一般情况下，如果要在两边搭子和夹边张搭子中选择拆牌，就应该拆夹边张搭子。

2. 在夹张搭子和边张搭子中选择时，应该拆边张搭子

夹张搭子和边张搭子的待牌都是 1 种 4 张，但是，两者相比较，一般情况下，应该拆边张搭子。其原因有二：

一是，夹张搭子更容易转化成两边搭子。

二是，夹张搭子更容易食和。夹张搭子的两张牌皆是其待牌的邻牌，边张搭子中只有一张牌是待牌的邻牌，因此，从自己占有待牌的邻牌的数量这一角度分析，与边张搭子相比较，夹张搭子更能使待牌的联络能力有所降低，能增加对手舍出待牌的可能性。我们以二四万和一二万两个搭子为例来分析：二四万搭子，我占 1 个四万，外漏 3 个四万，别人没有四万的可能性相对大一点。没有四万的人，就容易舍出三万。一二万搭子，我没有占四万，别人有四万的可能性相对大一点。有四万的人，就不容易舍出三万。另外，如果是夹二夹八的搭子，由于牌局前场大家切舍幺九较多，到中后场时，他人留住二八的可能性会很小，舍出二八的可能性会很大，因此，留下夹二夹八的搭子很容易食和。

3. 在两个孤单的两边搭子中选择时，应该先拆待牌包括三七的搭子，最后拆待牌包括幺九的搭子

两边搭子是好搭子，当从两个两边搭子中选择拆一个时，关键看其待牌哪个更容易进张。由于幺九牌最容易吃进或食和，而三七最难，因此，在两边搭子中选择时，宜先拆待牌包括三七的四五、五六搭子，再拆待牌包括二八的三四、六七搭子，最后拆待牌包括幺九的二三、七八搭子。

4. 在两个孤单的夹张搭子中选择时，应该先拆二四、六八搭子，并且先舍二八；再拆一三、七九搭子，并且先舍一九；再拆四六搭子；最后拆三五、五七搭子，并且先舍五

夹张搭子不如两边搭子好，有改善为两边搭子的需要，而且也可一步改善为两边搭子，因此，从两个夹张搭子中选择拆一个时，既要看哪个搭子更容易进张，同时，还要注意兼顾靠牌，考虑到怎样容易改善为两边搭子。这样，在两边搭子中选择时，就要按照二四或六八搭子、一三或七九搭子、四六搭子、三五或五七搭子的先后顺序拆，并且，当搭子中有偏张牌时，要先舍偏张牌。

由于一三、二四、六八、七九搭子中各有一个偏张牌，偏张牌不易改善为两边搭子，因此，与三五、四六、五七搭子比较，应该先拆一三、二四、六八、七九搭子。

一三、七九搭子和二四、六八搭子都各有一个偏张牌，但一三、七九搭子的待牌是二八，比二四、六八搭子的待牌三七易进张，因此，在这两种搭子中选择时，应该先拆二四、六八搭子。同时，考虑到改善搭子的需要，拆二四、六八搭子时，由于留下四六容易靠成两边搭子，因此宜先舍二八；拆一三、七九搭子时，由于留下三七才能靠成两边搭子，因此宜先舍一九。

四六搭子和三五、五七搭子都是中心牌，但三五、五七搭子中有三七，如果揭上来二八，就能把原夹张搭子改善成二三、七八两边搭子，这样的搭子待牌中包括幺九，容易进张，因此，在这两种搭子中选择时，宜先拆四六搭子。

拆三五、五七搭子时，要注意先舍五，因为留下三七有靠成二三、七八最容易进张的两边搭子的可能。

5. 在一些两边搭子中选择时，当有交叉搭子时，应该拆其中的一个

交叉搭子的待牌有一种是相同的，拆掉其中一个搭子，留下另一个孤单的两边搭子，可以使总体待牌数量增加。例如：

二条	二条	二条	六条	七条	八条	中	中	三饼	四饼	三万	四万	六万	七万

这手牌是一人听，多一个搭子，需要在三四饼、三四万、六七万中拆舍一个搭子。拆哪个最好呢？我认为，应该拆三四万或六七万搭子。以拆三四万搭子为例，拆掉这个搭子，上二五饼、五八万听牌，待牌为4种16张。如果拆三四饼搭子，虽然上五万后有形成三四五六七万待牌三边上二五八万的机

会，但是，对于一入听的牌，只能上二五八万听牌，待牌为3种12张。一入听的牌，最紧要的事是听牌，因此，这手牌以拆三四万或六七万为上策。

6. 在两个边张搭子中选择时，如果一个边张搭子的待牌被包含在另一个两边搭子中，就应该拆这个被包含的边张搭子

当在两个边张搭子中选择时，如果一个边张搭子是孤单的，另一个边张搭子的待牌被包含在另一个两边搭子中，那么，就应该拆被包含的边张搭子。这样拆牌，不会减少待牌数量。例如：

二条	三条	四条	一万	二万	六万	七万	八万	东	东	五饼	六饼	八饼	九饼

这手牌需要在一二万和八九饼两个边张搭子中选择拆一个。由于五六饼搭子的待牌包含八九饼搭子的待牌，因此，此牌应该拆八九饼搭子。拆八九饼搭子后，上四七饼，三万都能听牌；若拆一二万搭子，只有上四七饼才能听牌，会减少1种待牌三万，所以，应该拆八九饼。

7. 在两个边张搭子中选择时，如果一个边张搭子是孤单的，另一个边张搭子的隔牌是对子，那么，应该舍后者中的幺九

如果有两个边张搭子，其中一个是孤单的，另一个边张搭子的隔牌是对子，那么，应该舍后者中的幺九。这样拆牌，待牌数量较多。例如：

二条	三条	四条	一万	二万	六万	七万	八万	东	东	六饼	六饼	八饼	九饼

这手牌需要在一二万和八九饼两个搭子中选择拆一个。如果拆舍一二万，待牌会少1种三万；如果舍九饼，待牌种类不会减少，因此，应该舍九饼。

8. 在两个夹张搭子或边张搭子中选择时，如果一个夹张搭子或边张搭子能与其他搭子形成包含搭子或近似搭子的关系，并且有一个对子时，就应该舍掉这个联合搭子中的一个孤张，留下更好的对搭组合

如果有两个夹边张搭子，其中一个是孤单的，另一个搭子与其他搭子形成了包含搭子或近似搭子的关系，并且这个联合搭子还有一个对子，那么，为了使手牌的待牌数量不减少，就应该在后者形成的联合搭子中舍出一张最差的牌，留下包括好搭子的对搭组合。

若包括夹边张搭子的联合搭子是一个对子和两侧一个贴张及一个隔张形成的包含搭子，应该舍对子的隔张，使剩余的三张牌形成一个好的对搭组合。例如：

二条	三条	四条	一万	二万	六万	七万	八万	东	东	五饼	七饼	七饼	八饼

这手牌，不应该拆一二万边张搭子，而应该拆五七饼夹张搭子，并且要舍五饼。舍五饼后，进三万、东风、六七九饼，都能听牌；如果拆一二万搭子，只有进六九饼才能听牌。

若包括夹边张搭子的联合搭子是一二二四或六八八九的近似搭子，可以根据情况决定是舍幺九还是舍四六，留下一个对搭组合。例如：

二条	三条	四条	一万	二万	六万	七万	八万	东	东	一饼	二饼	二饼	四饼

这手牌，不应该拆一二万边张搭子，而应该拆一二饼边张搭子或二四饼夹张搭子，并且要舍一饼或四饼。舍一饼或四饼后，进三万、东风、二三饼，都能听牌；如果拆一二万搭子，只有进三饼才能听牌。

9. 在包含搭子和近似搭子中选择时，应该舍近似搭子中的幺九

包含搭子有 2 种待牌，近似搭子只有 1 种待牌，因此，在包含搭子和近似搭子中选择时，应该舍去近似搭子中的幺九。例如：

一饼	二饼	三饼	六饼	七饼	八饼	一条	三条	三条	四条	一万	二万	二万	四万

这手牌，需要从一三三四条包含搭子和一二二四万近似搭子中选择舍出一张牌。无论舍一条还是一万或四万，都会使那一组联合搭子变成一个对搭组合。综合比较，这手牌舍一万最科学。第一，舍一万或四万后，如果上二条，就使一三三四条的包含搭子变成一二三条顺子和三四条两边搭子。而如果舍一条，即使上来三万，一二二四万的近似搭子也只能变成一二三万顺子和二四万夹张搭子。所以，舍一万或四万比舍一条要好。第二，这手牌中的一三条是夹张搭子，因此，还要考虑舍一四万中的哪张牌更有利于改良手牌。如果留下四万，无论进二三四五六万，都可改善手牌，并且增加的待牌较多；而如果留下一万，只有上来一二三万才能改善手牌，并且增加的待牌较少，所以，一四万相比较，应该舍一万。

10. 在孤单的夹边张搭子与复合搭子或复合顺搭组合中选择时，应该拆孤单的夹边张搭子

孤单的夹边张搭子和复合搭子相比较，复合搭子的待牌多，更容易转化成好牌型，因此，一般情况下，应该保留复合搭子，拆孤单的夹边张搭子。例如：

二饼	三饼	四饼	七饼	八饼	二万	四万	六万	二条	三条	六条	八条	南	南

这手牌需要在六八条夹张搭子和二四六万三夹二复合搭子中选择舍一张牌。如果拆六八条夹张搭子，会减少 1 种待牌七条。如果拆二四六万复合搭子，也会减少 1 种待牌三万或五万。但是，如果拆二四六万复合搭子，这手牌还是多一个搭子，假若上来六九饼、一四条、南风中的一张牌后，还需要拆一个夹张搭子，那时就会亏牌；如果拆六八条夹张搭子，假若上来六九饼、一四条、南风中的一张牌后，有孤张可舍，不用再拆搭子，不会亏牌。因此，这手牌应该拆六八条。

复合顺搭组合的待牌有 2 种以上，因此，如果要在孤单的夹边张搭子和复合顺搭组合中选择拆牌，也应该拆孤单的夹边张搭子。例如：

一万	三万	四万	五万	六万	八万	六饼	七饼	一条	三条	七条	八条	板	板

这手牌，一三四五六八复合顺搭组合的待牌有二七万 2 种，它和复合搭子的作用一样，因此，宜留下它，拆舍夹张搭子一三条。

第五章 组牌技巧

有的复合顺搭组合的待牌有 3 种，更应该留下。例如：

三万	四万	四万	五万	六万	八万	六饼	七饼	一条	三条	七条	八条	板	板

这手牌，三四四五六八复合顺搭组合的待牌有二五七万 3 种，比复合搭子的待牌还多，因此，更应该留下它，拆舍夹张搭子一三条。

11. 在地位相同的夹张搭子中选择时，如果一个是孤搭子，一个相邻或相隔着模子或搭子等牌群，那么，应该拆孤搭子

当夹张搭子相邻或相隔着模子或搭子等牌群时，容易转化成待牌更多的牌群，因此，当两个夹张搭子地位相同时，应该拆孤单的夹张搭子，留下相邻或相隔着模子或搭子等牌群的夹张搭子。下面列举几种典型情况，当遇到其他情况时，牌手可以参照这些情况，灵活处理。

当夹张搭子与顺子相邻时，留下这个搭子，容易转化成两边上或三边上的牌型。例如：

三条	四条	五条	七条	七条	四饼	五饼	六饼	七饼	九万	七万	九万	西	西

这手牌需要在七九饼夹张搭子和七九万夹张搭子中选择拆舍。很明显，留下七九饼搭子，由于有四五六七饼的中张四连牌，很容易转化成一个顺子加一个两边搭子。如果揭上来了三饼，还会形成三四五六七饼中张五连牌，使待牌变成三边上。

当夹张搭子与顺子相隔时，留下这个搭子，有转化成三边

上牌型的机会。例如：

三条	四条	五条	七条	七条	三饼	四饼	五饼	七饼	九饼	七万	九万	西	西

这手牌需要在七九饼夹张搭子和七九万夹张搭子中选择拆舍。很明显，留下七九饼搭子，当揭上来六饼后，会使饼子牌变成三四五六七饼中张五连牌，使待牌变成三边上。

当夹张搭子与另一个搭子相隔时，也容易形成待牌更多的牌群，并且容易转化。例如：

二万	二万	二万	六万	七万	八万	一条	三条	五条	六条	一饼	三饼	发	发

这手牌需要在一三条夹张搭子和一三饼夹张搭子中选择拆舍。如果留下一三条，当揭上来四条后，条子牌就变成了一三四五六条，这既容易转化成一个顺子加一个两边搭子，甚至转化成三边上的五连牌，而且，当碰出绿发后，还能转化成三四五六条形成的两头钓将。

（二）拆留对子的技巧

有时，手牌中的对子较多，需要在一些对子中选择拆出一个。拆对子时，主要考虑留下哪个对子更容易碰出，有时需要考虑成对子的数牌与联络牌形成的搭子是否容易形成顺子，或者留下的牌群牌形更好、待牌更多。

1. 要考虑到牌的联络能力大小

牌的联络能力越低，别人舍出来的可能性越大，自己越容易碰出成坎，因此，一般情况下，要按牌的联络能力由强到弱的顺序拆对子。

2. 要考虑到生熟张

已经出现的一熟牌，再剩最后一张，较难碰出。已经出现的二熟牌，无牌可碰，所以，一般情况下，拆对子时，要先拆二熟牌对子，后拆一熟牌对子，再拆生牌对子。特殊情况下，如果到了牌局后期，大家都在努力跟牌，这时，一熟牌的对子倒容易碰出，尤其是字牌对子，在这种特殊情况下，可以考虑后拆碰出希望很大的一熟牌对子。

3. 在孤对和连对之间选择时

如果需要在孤对和连对中选择拆牌，一般情况下，应该先舍出连对中更不易碰出的牌，把连对留成对搭组合，这样既有形成坎子的机会，也有形成顺子的机会。

特殊情况下，如果对子有四个以上，需要碰不止一个对子，而且孤对都是中心牌，当要在两个孤对和一个连对中选择时，可以考虑拆孤对，留连对。需要碰的对子较多，不止一对时，要考虑到能使两个以上的对子更快地碰出。与较难碰出的中心孤对相比较，无论连对是中心牌还是靠近外侧较易碰出的牌，都要比中心孤对容易碰出或更有变化。因为：

第一，自己有连对牌，说明这些牌在他人手中较少，这些牌的实际联络能力较差，别人留住的可能性会较小，自己碰出的概率较大。

第二，连对碰牌往往能引起连锁反应，一旦碰出其中的一个对子，他人往往会纷纷舍出这个对子的联络牌，这会使另外的对子也能很快碰出。甚至，有的高手在打牌时，由于搭子数量不足，有时会把两个相同的顺子牌当成三个对子处理，碰出其中的两对甚至三对，使两组牌变成三组牌，其运用的就是这一原理。

第三，连对牌容易使牌有变化。如果揭上来连对牌两边的邻牌，不但能成就一模，而且还有一个搭子。并且，如果再揭上有联系的牌，变化还可能更大。

4. 在两个连对之间选择时

说拆连对，并不是说一定要把某一个对子拆完，因为连对是两个对子相连，各取其中一个，便能形成搭子，所以，拆连对时，首先要决定的只是拆舍其中一个对子中的一张牌。

如果两个连对的地位相同或基本相同，比如都是中心连对或都是偏张连对，那么，两个连对本身没有差异，牌手可以根据当盘的具体情况看拆舍哪张牌更好。而如果要在两个地位明显不同的连对之间取舍，那就要看拆哪个对子能使留下的牌群牌形更好、待牌更多。

(1) 偏张连对和中张连对

当一个连对都是偏张牌，一个连对都是中张牌，应该拆哪个呢？我们通过一个例子来分析一下。例如：

A1	A2	A3	B1	B2	B3	一万	一万	二万	二万	五饼	五饼	六饼	六饼

先看拆偏张连对的情况，以拆二万为例。舍二万后，待牌有一三万、四五六七饼，共 6 种 18 张。其中，进四七饼，共 2 种 8 张牌之一，可听成两边上，待牌为 7 张；进一三万、五六饼，共 4 种 10 张牌之一，可听成两对倒或边张上，待牌为 4 张。

再看拆中张连对的情况，以拆五饼为例。舍五饼后，待牌有一二三万、四六七饼，共6种18张。其中，进一二万，共2种4张牌之一，可听成两边上，待牌为8张；进四六七饼，共3种10张牌之一，可听成两对倒，待牌为4张；进三万，共1种4张牌之一，可听成边张上，待牌为3张。

通过待牌多少和听牌情况对比我们可以看出，两种拆法的待牌种类和数量相同，但在听牌上，拆偏张连对要优于中张连对。因此，这种情况下，拆偏张连对，从中舍出一张更不易碰出的二八是最优选择。

（2）**两个都是中张连对，其中一个是孤单的连对，另一个连对的一侧连着一个不含边张的顺子**

如果两个连对都是中张牌，但其中一个连对的一侧连着一不含边张的顺子，这种情况下，应该拆哪个连对呢？我们通过一个例子来分析一下。例如：

A1	A2	A3	五饼	五饼	六饼	六饼	二条	三条	四条	五条	五条	六条	六条

先看拆孤单连对的情况，以拆五饼为例。舍五饼后，待牌有四六七饼、一四五六七条，共8种25张。其中，进四七条，共2种7张牌之一，可听成三边上，待牌为10张；进五六条，共2种4张牌之一，可听成两边上，待牌为8张；进一条，共1种4张牌之一，可听成两边上，待牌为7张；进四六七饼，共3种10张牌之一，可听成两对倒，待牌为4张。

再看拆连着顺子的连对的情况，以拆五条为例。拆五条后，待牌有四五六七饼、一四六七条，共8种25张。其中，进五六饼，共2种4张牌之一，可听成三边上，待牌为11张；进四七饼，共2种8张牌之一，可听成两边上，待牌为7张；

进一四六七条，共 4 种 13 张牌之一，可听成两对倒，待牌为 4 张。

通过以上分析对比我们可以看出，无论拆哪个连对，待牌种类和数量都是一样的，但在听牌上，拆五饼优于拆五条，因此，这种情况下，拆孤单的连对，从中舍出一张更不易碰出的牌是最优选择。

（三）在对子和搭子之间选择去留的技巧

如果对子较多，又有搭子，有时就会遇到需要在对子和搭子之间选择去留的问题。那么，是拆对子好呢？还是拆搭子好？我认为，这要看具体情况，需要考虑以下几个方面的因素。

1. 对子的多少

如果对子较多，有三个以上，一般情况下，应该拆对子，使手中的对子保持在三个或两个。因为，对子的数量太多时，如果全部留下，需要碰的对子就较多，这会增大碰对子的困难，所以，可以考虑拆其中一个最难碰出的对子。

2. 对子易碰的程度

如果对子是字牌幺九之类非常容易碰出的牌，那么，可以考虑留下这类对子。

3. 搭子的好坏

差搭子难以进张，好搭子容易进张，因此，在对子和搭子之间选择时，还要看搭子的好坏。

如果搭子较差，比如是夹边张搭子，就可以考虑拆掉搭子，留下对子。夹边张搭子的待牌只有一种，成模的速度会受到影响。留下对子，既可以碰牌，而且，当对子是数牌时，揭上来其邻牌或隔牌后还能转化成对搭组合，有利于快速成模。

如果搭子是两边上，进张容易，那么，可以考虑留下搭子，拆掉一个最难碰出的对子。

4. 牌局是否允许吃

牌局如果允许吃牌，搭子可以吃进待牌，成模相对容易；如果不允许吃牌，搭子要成模，只有靠自己揭牌，成模相对困难，因此，牌局是否允许吃牌，对决策是拆搭子还是拆对子有重要影响。

如果牌局允许吃牌，当搭子较易进牌，而对子较难碰出时，一般情况下，应该拆一个最难碰出的对子，留下搭子。留下搭子，不但自己有机会揭牌进张，而且还有机会吃上家舍出的牌。另外，从防下家的角度讲，也应该拆对子，因为拆对子下家吃进的机会少，拆搭子下家吃进的机会多。

如果牌局不允许吃牌，当搭子较难进牌，而对子较易碰出时，可以考虑拆一个最差的搭子，留下对子。留下对子，不但可以碰任意一家舍出的牌，而且也有揭成坎子的机会。

（四）处理对搭组合的技巧

对搭组合的待牌比较多，一般情况下，牌手不要拆对搭组合。但有时，手中的对搭组合不止一个，牌情也需要考虑是否应该拆其中的对搭组合。这种情况下，牌手要分析拆对搭组合的利弊，以决策是否应该拆对搭组合，如果需要拆对搭组合，还要考虑如何拆更好。

1. 在一些孤单的对搭组合中选择

在孤单的对搭组合中选择拆牌，要考虑三个因素，一是对子的多少，二是对子易碰出的程度，三是搭子的优劣。

对子多时，牌手非常希望尽快碰出对子。但碰对子毕竟要依靠别人舍牌，因此，对子不宜留得太多。一般情况下，手中留下的对子不要超过三个，如果是一入听的牌，只宜留下两个对子。那么，到底是留两个还是三个对子，甚至特殊情况下留四个对子，这要看搭子的情况。

如果搭子是容易上牌的两边搭子，就可以考虑适当少留对子，留下好搭子。因为好搭子容易上牌，留下搭子更易快速成模。如果搭子不容易上牌，而对子较易碰出，那就不如留下较多的对子。例如：

二条	二条	三条	七条	八条	九条	四万	五万	五万	四饼	四饼	五饼	中	中

此牌属于二入听，如果舍牌，宜舍不易碰出的五万，留下两个对子。如果不舍五万而舍四万，不但会使待牌减少，而且五万还不易碰出。

留对子的直接目的是为了早早碰出，因此，在相同的情况下，如果需要拆一个对子，留一个对子，就应该留下较易碰出的对子。例如：

三饼	四饼	五饼	八饼	八饼	九饼	二条	二条	三条	四万	五万	五万	板	板

这手牌宜拆一个对子，留三个对子。由于八八九饼中的搭子是边张搭子，不如另外两个对搭组合中的搭子好，因此，八八九饼不能拆，这样，就要在二条和五万之间选择拆一个对子。由于二条较五万更容易碰出，因此，应该拆舍五万，留二条对子。

2. 在孤单的对搭组合和有联系牌的对搭组合中选择

有时，有的对搭组合还有一些有联系的牌，这时，要进一步考虑如何拆牌会使待牌更多。

如果不含边张的对搭组合与一个不含边张的顺子相连，这些牌能形成三边上顺搭组合，那就应该留下这个对搭组合中的搭子，拆掉其中的对子。例如：

A1	A2	A3	二万	二万	三万	二条	二条	三条	四条	五条	六条	板	板

这手牌是一人听，对子较多，应该从对搭组合中拆一个对子。如果舍二条，待牌有一二四万、一四七条、白板，共7种23张。如果舍二万，待牌有一四万、一二四七条、白板，待牌共7种23张。两种打法的待牌同样多。我们进一步分析一下听口情况。如果舍二万，碰出白板或二条后，必然要舍三六条之一，听牌是二三万形成的两边上一四万，待牌为2种8张。如果舍二条，碰出白板或二万后，舍三万，听牌就是二三四五六条形成的三边上一四七条，待牌为3种11张。可见，舍二条是最佳选择。

如果对搭组合与一个不含边张的顺子相隔，要留下与顺子相隔的牌，以使这一牌群有形成三边上顺搭组合的可能。

例如：

| A1 | A2 | A3 | 六万 | 八万 | 八万 | 二饼 | 三饼 | 四饼 | 六饼 | 八饼 | 八饼 | 北 | 北 |

这手牌，为了使饼子有机会形成中张五连牌的可能，要留下六饼。由于对子较多，要从对搭组合中拆一个对子。综合比较，应该考虑舍八饼。舍八饼后，假如揭来五饼，再舍一张八饼，就使饼子牌变成了二三四五六饼中张五连牌的好牌。

第四节 组坯不佳时的改牌要领

打基本牌型时，有时，虽然组坯已够，也不多余，和牌组刚好是五组，但有的组坯不好，不容易进张，这种情况下，如果能把不好的组坯改成较好的组坯，会对进攻更有利。但是，改牌时，往往会在未靠上好坯子时先拆掉原来的差坯子，这常常会使牌姿在当前变得更差，因此，改牌是较难把握的技巧。

改牌的目的是为了更快地听牌，听得更好，为达此目的，改牌时，应该遵循以下原则。

一、入听级别不退

进攻过程中，由低级牌姿向高级牌姿进展时，必然要一个级别一个级别地进，如果改牌使入听级别倒退，那就有可能错失进入更高一级牌姿的机会，得不偿失。所以，一般情况下，改牌时，不要使入听级别退步。例如：

一饼	二饼	三条	六条	七条	八条	一万	二万	二万	八万	九万	九万	北	北

这手牌是二入听，模子或坯子共有五组，还有一张中心孤牌三条。虽然模子和坯子都够，但是，一二饼是边张搭子，不好。如果舍孤牌三条，有可能会失去改善牌姿的良好机会。但如果直接拆一二饼，牌姿的入听级别就会倒退一步，万一下巡揭进来了三饼，会失去进入更高级牌姿的机会。为了保持入听级别不变，这手牌应该舍八万。舍八万后，入听级别没有退步。等给三条靠上搭子后，再拆一二饼不迟。

二、亏牌数量较少

改牌常常会亏牌，亏牌意味着可能会有损失甚至会有关键损失，因此，改牌时，不要使亏牌过多，怎样亏得更少就怎样改。例如：

二条	三条	三条	八条	九条	四万	五万	六万	七万	一饼	二饼	二饼	六饼	八饼

这手牌中的八九条边搭子不好，中心四连牌万子不但容易靠张，而且还有形成中张五连牌的可能，在不改变入听级别的前提下，应该舍哪张牌呢？

综合考虑这手牌，舍一饼比较恰当。舍一饼后，只有上三饼才亏牌。而且，二饼容易碰出，基本上不影响这手牌的待牌。后面如果揭来了四五六七万的靠张牌，就可以拆八九条了。

三、改后前途很大

改牌是为了使待牌更宽，因此，改牌时，要看怎样改前途更大。

为了使待牌更宽，改牌时，不但要注意留下中心孤牌，更要注意留下顺子多单、顺子加单、暗坎挂单以及其他一些牌数很多的同门牌群的好牌型。例如：

二饼	三饼	四饼	五饼	六饼	七饼	八饼	九万	九万	一条	一条	三条	五条	七条

这手牌是一入听的牌。如果单纯看怎样舍牌能使当前的待牌更多，那应该舍二五八饼中的一张，这样，待牌有九万、一二四六条。但是，舍二五八饼中的一张后，无论上什么牌入听，听口都不好。

这手牌，由于饼子上有中张七连牌的好牌，因此，改牌后的前途可能非常大。

为了改成很好的牌，当前可以考虑舍七条。舍七条后，虽然缩小了待牌范围，但没有改变入听级别，仍为一入听。如果上来了饼子牌，尤其是上来了一三四六七九饼后，既会使一入听的待牌范围增加很多，还很可能使听牌后的待牌数量很多。

第六章 要牌技巧

打麻将的要牌有三种方式，即吃、碰、杠。吃、碰牌后，直接舍牌；杠牌时，要先从牌墙的后面揭一张牌，然后再舍出。

吃碰可以使模坯变成一模，有利于牌姿进展。杠牌时，只要不是杠上家舍出的牌，就能增加揭牌机会；在杠算分的牌局，杠有得分的机会；听牌后杠牌，还有杠上开花的机会。因此，要牌的好处是显而易见的。

当然，要牌也有一定的弊端。比如，要牌后，手中的暗牌就变成了明牌，这或多或少会暴露一些信息。再如，要牌后，成模的牌不能再取舍，缩小了取舍牌的选择范围，这既不利于发挥技术，又使听牌时选择的余地变小，而且，由于舍牌的范围缩小，还增加了供牌放炮的可能。另外，给碰成的明坎加牌开杠时，还有被抢杠的风险。

那么，到底在什么情况下应该要牌，什么情况下不应该要牌？我认为，这要结合当时的具体情况，综合评价要牌的利弊，做出对自己最有利的选择。古牌谱中有"头不吃"的说法。下面，我们就以"头不吃"为例，说明其中的道理，并说明为什么不能把它当做教条。

所谓"头不吃"，是说的在牌局初期的一两巡不要吃、碰牌。那么，为什么在牌局初期的一两巡不要吃、碰牌呢？

第一，开局之初，牌面较乱，对牌的需求范围相当广泛，如果揭牌，非常容易揭到自己需要的牌。当吃牌或碰上家的牌时，就会失去揭牌的机会，那样往往会错过自己需要的牌。

第二，在开局时就吃、碰，会在牌面很乱时缩小作战范围，使回旋余地变小，尤其是在计番的牌局，那样既对进攻时调整不利，也对防守时取舍不利。

第三，开局吃、碰容易暴露重要信息，让对手猜测出自己的牌情。

所以，在开局的头一两巡，最好不要吃、碰。

但是，"头不吃"说的是一般情况下，在开局之初不要吃、碰，牌手切不可死守"头不吃"的教条，无论牌情如何，在开局之初都坚决不要牌。比如，遇到边夹张或末张牌时，一定要吃，否则，可能"过了这个村就没有这个店了"，现在不吃、碰，后面可能就没有机会吃、碰了。

由于要牌既有好处，又有弊端，因此，牌手要充分掌握要牌的技巧，在决策是否要牌、如何要牌时，做出正确的选择。

第一节　吃

吃牌能使搭子成为顺子。在允许吃的牌局，牌手只要有搭子，就会遇到吃牌的问题。掌握吃牌的技巧，首先要明确吃牌的基本原则，知道什么时候应该吃，什么时候不应该吃。其次要会运用吃牌的特殊技巧，处理好特殊情况下的吃牌问题。

一、吃牌的基本原则

虽然吃牌能使搭子成模，但有时，吃牌也会产生一定的弊端，因此，决策吃牌时，要看是利大于弊，还是弊大于利。那么，到底什么情况下应该吃牌，什么情况下不应该吃牌呢？我认为，要注意以下几个原则。

（一）机会少时应该吃，机会多时可不吃

如果搭子的待牌较少，上家再舍出的可能性不大，能吃时应该考虑及时吃进，以免错过机会，后面再想吃时没有了。

如果自己当前可吃的搭子或含搭子的组合的待牌较多，为了不失去当前重要的揭牌机会，可以暂时不吃。

（二）有利于快速听牌或者能改善牌姿时应该吃，破坏牌相时不要吃

如果吃牌后可听牌，或者可以使牌姿级别进步，为了迅速听牌，应该吃进。

有时，吃牌虽然不能使入听的级别提高，但能够改善状况，使后面进展的速度加快，这时，也应该吃进。例如：

南	南	四条	五条	二万	三万	四万	五万	六万	七万	八万	八饼	九饼

这手牌是一入听，待牌有三六条、七饼。如果上家舍出一四万，虽然吃进后不能使牌姿由一入听进到入听级别，但是，仍然应该吃进。因为，当前自己的待牌只有三六条和七饼3种，即使很快听牌，也只能听两边上三六条或者边七饼，而如果用二三万吃进一四万，舍八饼，手牌会变成：

| 一万 | 二万 | 三万 | 南 | 南 | 四条 | 五条 | 四万 | 五万 | 六万 | 七万 | 八万 | 九饼 |

这样，虽然牌姿还是一入听，但待牌明显增多，增加为三六条和三六九万共 5 种牌，而且，如果听牌，无论是听两边上三六条或三边上三六九万，都是很好的口子。

如果吃牌后得不偿失，破坏了牌相，那就不要吃。例如：

| A1 | A2 | A3 | B1 | B2 | B3 | C | C | 三条 | 四条 | 五条 | 六条 | 四万 |

这手牌，当上家舍出三六条时，就不能吃，吃进后不但对牌姿进展不利，而且还会破坏三四五六条的四连牌，使条子牌失去成为五连牌三边上的好机会。

（三）给进攻造成的限制过多时不要吃

如果吃牌会造成过多的限制，对自己总体上组牌不利，就要注意慎吃。

第一，在前两巡慎吃。古牌谱上说"头不吃"，其原因之一就是因为在一开始吃牌会过早地限制自己的牌势，束缚自己，不利于改善情况。

第二，自己已有两模明牌之后慎吃。中场时，如果自己已经吃、碰两模以上，最好就不要再吃、碰了。如果再吃、碰，将使自己的牌情趋于明朗。而且，到最后，由于自己的倒牌过多，听牌时也会受到很大限制，甚至常常只能听单钓。古牌谱上也说"不吃第三搭"。常打牌的人都明白这个道理：最后要听成好口子，少吃、碰是一个重要前提。

（四）有危险时不要吃

后场时，如果吃牌后有放炮的危险，那最好就不要吃。或者，虽然吃牌后当时有安全牌可舍，但吃牌后自己并未听牌或者后面听牌的希望不大，而由于吃牌缩小了舍牌的选择范围，使后面放炮的可能性很大，那也不要吃。

特别要注意，牌面过乱时慎吃。如果自己的牌面过乱，进攻获胜无望，那就要以防守为目标，而吃牌会使自己的舍牌范围变得狭窄，降低防守能力。古牌谱上也说"乱牌忌吃、碰"。尤其是在后场，当其他三家可能都听牌时，如果自己的手牌离听牌较远，就应当重点防守，这时，就不要吃、碰了，以免使自己盯牌的范围缩小，给敌放炮。

（五）暴露牌情过多时不要吃

吃牌往往会在一定程度上暴露自己的牌情，所以，如果可吃可不吃时，吃了会使自己的牌情暴露过多甚至暴露无遗，那就不要吃。

二、吃牌的特殊技巧

当遇到上家舍出两个交叉搭子的共同待牌时，应该用哪个搭子吃牌？顺单组合的牌，可吃时是否该吃？这是吃牌经常遇到的两个特殊问题，也是需要牌手掌握的特殊技巧。

（一）有两个交叉搭子时，如果上家舍出其共同的待牌，应该用哪个搭子吃

如果有共同待牌的搭子是交叉搭子，上家舍出其共同待牌时，到底用哪个搭子吃进，牌手有时会比较为难。决策用哪个搭子吃进共同待牌时，主要看三个方面的因素。

首先，要看哪个搭子的非共同待牌数量更多，用非共同待牌数量更少的搭子吃进。例如，二三条和五六条两个搭子，上家舍出四条时，如果一条在明牌中已出现3张，七条尚未出现，那么，由于五六条的待牌数量更多，留下五六条后面容易吃进，所以，当前就应该先用二三条吃进。

其次，如果两个搭子的非共同待牌数量相同，就要看哪个搭子的非共同待牌更容易被上家舍出，用不易被上家舍出的非共同待牌的搭子吃进。比如，三四万和六七万两个搭子，当上家舍出五万时，如果判断上家舍出二万的可能性比八万大，就用六七万吃进；如果判断上家舍出八万的可能性比二万大，就用三四万吃进。因为留下上家易舍出非共同待牌的搭子，有利于后面再吃进。

再次，如果两个搭子的非共同待牌数量相同，而且也不能判断出上家更容易舍出哪个搭子的非共同待牌，当其中一个搭子的待牌包括幺九时，就留下这个搭子，用另一个搭子吃时。比如，四五饼和七八饼两个搭子，当上家舍出六饼时，由于七八饼的另一个待牌是九饼，而四五饼的另一个待牌是三饼，留下七八饼搭子，在后面更容易吃进，所以，就应该先用四五饼吃进。

（二）有顺单组合时，为了增加组坯，可以吃进

用顺单组合吃牌，虽然成全了一个顺子，但也破坏了原来的顺子，因此，很多情况下，牌手不会采取这个办法吃牌。但有时，如果急需靠牌，却可以用这个办法吃牌。用这个办法吃牌后，等于变相靠成了一个组坯，有利于牌姿进展。

多数情况下，用这个办法吃牌可以多出一个搭子。例如：

| A1 | A2 | A3 | B1 | B2 | B3 | C | C | 二饼 | 三饼 | 四饼 | 六饼 | 北 |

这手牌急需靠搭听牌，如果上家舍出五饼甚至一四饼，就可以用四六饼或二三饼吃进，听牌。

如果手中有大肚子，吃进大肚子张，可以多出一个对子。例如：

| A1 | A2 | A3 | B1 | B2 | B3 | 二条 | 三条 | 七万 | 八万 | 八万 | 九万 | 中 |

这手牌缺对子，如果上家舍出八万，可以用七九万吃进，腾出一对八万将，听牌。

第二节　碰

碰牌能使对子成为明坎。牌手如果有对子，就会遇到碰牌

的问题。牌手要根据碰牌的基本原则，决策自己是否应该碰牌。同时，还要掌握特殊情况下的碰牌技巧。

一、碰牌的基本原则

虽然碰牌能使对子成模，但有时也会产生弊端，这一点与吃牌是相同的。然而，碰牌与吃牌有重大区别。第一，吃牌仅限于吃上家舍出的牌，下家或对家舍出的牌再多、再好，自己也没有权利吃进；碰牌时，可以碰任意一家舍出的牌。第二，吃牌的待牌数量较多，每种待牌皆有4张；而碰牌的待牌只有2张，所以，吃牌的选择余地较大，不吃这一张，后面往往还有很多机会；而碰牌的选择余地很小，不碰这一张，后面就只有一次机会甚至没有机会了。

由于碰牌与吃牌既有相同之处，又有一些区别，因此，从要牌的原则上讲，碰牌的原则与吃牌的原则有些是相同的，有些是不同的。碰牌时，牌手要注意以下原则。

（一）机会少时应该碰，机会多时可不碰

碰牌只有两次机会，很多时候，自己对子的同牌可能只会出现一张，可以说是"过了这个村就没有这个店了"，因此，一般情况下，当别人舍出需要碰的牌时，牌手要选择碰出。但是，当上家舍出自己的碰牌时，如果自己对子的同牌在后面被舍出来的可能性较大，而且当前的揭牌机会对自己很重要，那么，也可以考虑不碰。

如果不是为了留下固定的将牌，在下面两种情况下，一

般应该碰出。一是末张牌。末张牌不碰的话就再没有机会碰了，因此，如果不是为了留成死将，一般情况下，末张牌要碰。二是中张牌。中张牌容易被人用上，不易舍出，很难碰到，所以，即使中张牌不是末张，也应该碰出，否则，放过一个可能就再没有机会了。俗话说："中张牌入海，切勿轻放过。"

（二）有利于快速听牌或者能改善牌姿时应该碰，破坏牌相时不要碰

如果碰牌后可以听牌，或者可以使牌姿级别进步，为了迅速听牌，应该碰出。例如：

| 一万 | 二万 | 三万 | 六万 | 七万 | 八万 | 八万 | 东 | 东 | 三饼 | 四饼 | 五饼 | 六条 |

这手牌是一入听，如果有人舍出八万，就应该碰。碰八万后，舍六条，就能听牌。听牌后的待牌虽然是五八万，包括了已经碰出的八万，使两边上的待牌数量明显减少，但是，待牌还有5张，和牌的希望仍然很大，因此，应该碰出。

有时，碰牌虽然不能使入听的级别提高，但能够改善状况，使后面进展的速度加快，这时，也应该碰出。例如：

| 一万 | 二万 | 三万 | 六万 | 七万 | 八万 | 东 | 东 | 二饼 | 三饼 | 七条 | 八条 | 北 |

这手牌是一入听，待牌有一四饼、六九条。如果有人舍东风，虽然碰出后牌姿仍为一入听，但也应该碰。碰东风后，舍

北风，待牌变成了一二三四饼、六七八九条，使待牌种类数量增加了很多，容易进到入听级别，因此，应该碰出。

如果碰牌破坏了牌相，得不偿失，那就不要碰。碰牌能破坏牌相的情况，肯定是数牌对子在顺子中。但是，在顺子中的数牌对子，是否全不能碰呢？我认为，这需要具体情况具体分析，综合衡量碰牌的得失利弊。下面，我们把打麻将时经常遇到的几种情况分别分析一下。

如果碰牌会同时破坏两个以上顺子，那就不能碰。例如：四五六六七八万，有人舍出六万，就不能碰。

如果碰牌后只破坏一个对子，但留下的搭子很难进张，一般也不要碰。大头脚三七牌和大肚子牌，一般都不应该碰。例如：一二三三条，碰三条后，留下了一二条边张搭子，其待牌三条只剩下了1张，极难进来。这种牌型，只有极特殊的情况下才可考虑碰对子。

如果碰牌后，留下的搭子较易进张，还要看碰牌后对全牌进展是否更有利，以决策是否碰牌。较易进张的搭子应该至少和夹边张搭子相当。例如：三三四五饼，碰三饼后，留下的搭子是四五饼，待牌仍有5张，这样的搭子就较易进张。对于碰牌后留下的搭子较易进张的牌型，一般可以分两种典型情况处理。一是，牌姿急需进展时，可以碰出。比如，碰牌后听牌，或者碰牌后是一入听。二是，牌姿较低，需要多张才能入听，一般不宜碰。因为牌姿级别很低，需要进张很多，碰牌对牌姿进展起的作用不大，但会使手牌受到很多限制，利少弊多，所以一般不碰。

如果对子同时在顺子和搭子中，要看原搭子的好坏和碰牌后留下搭子的好坏。这主要有三种典型情况。一是，原搭子是两边上，一般情况下不应该碰。例如：二三三四五条，不碰三条需要上一四条，待牌有 7 张，碰了三条需要上三六条，待牌有 5 张，反而减少了待牌。二是，原搭子是夹张上，无论与对子形成夹张搭子的牌是偏张还是中心张，一般情况下都不应该碰。我们先看与对子形成夹张搭子的牌是偏张的情况。例如：五六七七九饼，不碰七饼需要上八饼，碰了七饼需要上四七饼，虽然碰后待牌多了 1 张，但却失去了转化成好搭子的机会；如果不碰，揭上来六饼，就会使夹张搭子转化成两边搭子。再看与对子形成夹张搭子的牌是中心张的情况。例如：三五五六七条，不碰五条需要上四条，碰了五条需要上五八条，虽然碰后待牌多了 1 张，但是，失去转化成搭子的机会更多；如果不碰，无论揭上来二条还是六条，都会使夹张搭子转化成两边搭子。实战中，这两种情况下虽然理论上不应该碰，但如果原搭子的待牌实际减少过多，就应该考虑碰出，以增加待牌数量。三是，原搭子是边张上，一般情况下应该碰。例如：一二二三四万，不碰二万需要上三万，碰了二万需要上二五万，由于三万只有 3 张，碰二万后待牌会增至 5 张，因此，应该碰二万。

打麻将时，还经常会遇到对子在六连牌中的情况。当对子在六牌中时，是否碰牌，有很大学问。下面我们分析一下对子在六连牌中的几种情况。

如果对子是六连牌的边牌，只要对子不是四六，一般情况下，都应该碰。对子是边张时，当然应该碰。例如：一一二三四五六饼，碰一饼后，余下了二三四五六饼的三边上顺搭组合，待牌为一四七饼，共 8 张，待牌很多，容易上张；如果不碰一饼，这群牌反而难以改善。即使对子是中张，也应该碰。例如：三三四五六七八万，虽然不碰三万有可能上成二三万或三四万搭子，但待牌也只有 7 张，还不如碰后的待牌多。当对子是四六时，不应该碰。边牌对子是四六的六连牌，必然是四四五六七八九或一二三四五六六，碰四六后，留下的五六或四五虽然是两边搭子，但实际待牌只有4张，待牌数量较少，而且失去了转化成好搭子的机会，因此，一般不应该碰。

如果对子是六连牌的中点牌，要根据具体情况看是否应该碰。如果对子是幺九开头六连牌的三七张，那就不要碰。例如：一二三三四五六万，碰三万后，余下了一二万边张搭子，待牌仅1张，进牌不易；不碰三万，由于有三四五六万的中张四连牌，转化成好搭子的机会很多。两相比较，不碰有利。如果对子是幺九开头六连牌的四六张，那就应该碰。例如：四五六六七八九条，碰六条后，余下了四五条搭子，待牌有5张，进牌较易；不碰六万，即使揭上来了五七万，形成了五六万或六七万搭子，待牌也只有6张。两相比较，碰牌有利。如果对子是中张六连牌的中点牌，还要看碰牌后对全牌进展是否更有利，以决策是否碰牌。对子是中张六连牌的中点牌时，碰出对子，必然留下一个两边搭子，待牌有5张，进牌较易；但是，如果不碰，必然存在一个中张四连牌，非常容易转化成三边上顺搭组合或两边上搭子的好牌型，因此，当牌姿较高，急需进展时，可以碰出；当牌姿较低，需要多张才能入听时，可以考虑不碰。

如果对子是六连牌的外侧第二张，碰牌后会留下一个夹张搭子，难以进牌，一般情况不应该碰。

（三）给进攻造成的限制过多时不要碰

如果碰牌会给进攻造成过多的限制，对组牌并不很有利，那么，可以不碰。尤其是当上家舍出牌时，碰牌还会放弃当前的揭牌机会。为避免给进攻造成的限制过多，在决策是否碰牌时，牌手要注意以下两点。

第一，明白"头不吃"的道理，在前两巡慎碰。

第二，明白"不吃第三搭"的道理，在自己已有两模明牌之后慎碰。

这和如果吃牌给自己进攻造成的限制过多时就不要吃的道理是一样的。

（四）有危险时不要碰

后场时，如果碰牌后有放炮的危险，那最好就不要碰。或者，虽然碰牌后当时有安全牌可舍，但碰牌后自己并未听牌或者后面听牌的希望不大，而由于碰牌缩小了舍牌的选择范围，使后面放炮的可能性很大，那也不要碰。

当然，还要明白"乱牌忌吃、碰"的道理，牌面过乱时慎碰。这和牌面过乱时慎吃的道理是一样的。

而且，如果有危险时不碰牌，由于手中能碰的对子是安全牌，自己不但不必冒险，还有两张安全牌可跟，对防守极为有利。

（五）暴露牌情过多时不要碰

和吃牌往往会在一定程度上暴露自己的牌情一样。如果可碰可不碰时，碰了会使自己的牌情暴露过多甚至暴露无遗，那就不要碰。

(六) 打巧七对听牌快时不要碰

有的牌局允许巧七对和牌。如果手牌对子多，打基本牌型难以成和，而打巧七对容易，那就不要碰。尤其是如果手中已经有五个对子，碰牌打基本牌型会退到二入听时，要注意慎碰牌。

(七) 破坏敌牌时应该碰

如果碰牌能破坏敌牌，对敌不利，可以考虑碰出。这种情况下的碰牌不一定直接对自己有利，但由于能破坏敌人的牌，因此，会间接对自己有利。

在下面三种情况下，碰牌能达到破坏敌牌的目的。

第一种情况是，专碰别人欲吃进的牌。别人要吃牌时，碰后可使其不能吃进成顺，延迟其进展速度。

第二种情况是，专碰中心牌。故意碰出中心牌，往往会逼迫有的人拆牌，迟缓他们的进展速度。

第三种情况是，估计有人需要某些牌尤其是有人在做大牌时，故意将其需要的牌碰出，让其丧失信心，动摇决心。比如，估计某家在做清一色，我故意碰出这门牌的某个对子，这可能会让其觉得做成清一色的希望很小，被迫放弃做清一色。

(八) 重点防下家时不要碰，隔空舍牌人的下家时应该碰

自己碰牌后，下家会增加揭牌机会，因此，如果当时需要

重点防下家，那么，就要注意慎碰。

牌手舍出的牌如果被人碰走，其下家就失去了当次揭牌机会，因此，如果想隔空舍牌人的下家，就应该碰。

二、碰牌的特殊技巧

有时，字牌对子之所以较难碰出，与自己的打法有关，但很多人不懂得其中的奥妙，那么，怎样才能更快地碰出字牌对子呢？当有两个或多个相联络的数牌对子时，是否该碰？牌手要处理好这两个特殊问题，需要掌握专门的特殊技巧。

（一）求碰生张字牌对子的窍门

一般情况下，字牌对子较易碰出，但有时也会出现迟迟不能碰出、甚至到最后都没有碰出字牌对子的情况。如果手中的字牌对子急需碰出但却不能碰出，牌手往往会非常为难：拆了吧，可惜；不拆吧，一时半会儿又碰不出来。字牌对子能否早早碰出，常常会造成一盘的胜负逆转，甚至可以说，许多牌局，能否早早碰出字牌对子，直接或者最终决定了当盘的胜负。当自己有字牌对子，希望早早碰出时，这里有一个窍门：当自己同时有其他生张字牌时，如果不舍生张字牌，就能在一定程度上起到逼碰字牌对子的作用。

很多牌手都知道扣生张字牌的道理，但是，在开局之初，无论谁，在打基本牌型的一般情况下，都不会把所有的字牌全部扣在手中。当他手中没有熟字牌可舍时，他就要从手中的一些生张字牌中选出一个。我们利用这一情况，在开局之初，当

179

自己有字牌对子时，为了快速碰出成对的字牌，要注意扣住其他生张字牌。

大家扣字牌的办法通常是，前几巡跟着熟字牌舍，后面剩下的生字牌就成了扣牌对象，往往会留在手中等到自己的牌听牌或者接近听牌时再舍，有的人甚至会因为听不了牌而一直扣在手中，直至当盘结束还未舍出。

如果自己手中有字牌对子，而且有其他孤张字牌，为了让别人舍出自己要碰的字牌，自己就不宜先舍生张孤字。因为，自己不舍生字牌，他人找不到熟字牌，就会盲目舍生字牌，这样，自己碰出字牌对子的可能性就会大一些。例如：

七万	八万	四条	四条	二饼	三饼	四饼	九饼	西	西	北	北	南	中

此牌，我手中西北风成对，孤南风红中皆是生牌。为了早早碰出西北风，轮到我舍牌时，我应该舍九饼，而不应该舍南风或红中。因为，九饼是多余的牌，早舍没有坏处，还能避免后面供牌放炮。舍九饼而扣住南风红中，对其他人来说，这四种字牌就都是生张。当他人手中没有熟张字牌可跟时，他就要从手中的生字牌中选一张舍出，这就会增大我碰出字牌对子的概率。比如，某家手中有西风红中两张生字牌。如果我舍出红中，他肯定会跟着我舍红中，而扣住西风。如果我不舍生张字牌，他无熟张字牌可跟，就要从西风红中两张生张字牌中选一张舍出，那他就有可能会舍出西风给我碰。

（二）数牌中两种或多种成对的联络牌，碰出一对后，容易引起连锁反应，能很快碰出其他对子

打麻将时，一旦某种数牌被碰，其联络牌就会因为联络能力变弱而被很快舍出。实战中经常会出现这种情况：一旦某种数牌碰出之后，其联络牌形成的对子也会很快碰出。所以，当自己有两种或多种成对的联络牌时，即使这些联络牌与其他牌已经配成了一个顺子，也可以考虑碰出。例如：

A1	A2	A3	五万	六万	四条	七条	八条	八条	九条	九条	一饼	一饼

这手牌，上四七万或七条可以听牌，但七条难上，因此，如果有人舍出九条或八条，可以碰出。碰出后，不但仍是一人听，而且还容易碰出八条或九条。

甚至，当组坯不够或不好时，如果手中有两个相同的搭子即三连对，当有人舍出其中任意一种牌时，也可以碰出。实战中，有的高手就用这个办法，使两个顺子最终变成了三个明坎或两个明坎和一个将牌。例如：

一万	一万	二万	二万	三万	三万	四饼	五饼	六饼	一条	三条	九条	东

有人舍出二万后，果断碰出，舍九条。别人看到二万被碰出，会觉得一三万的联络能力很弱，往往会很快舍出一三万，因此，自己再碰出一三万对子的可能性会很大。

第三节 杠

杠牌是把坎子模变成杠子模，因此，它不能直接使牌姿有所进展。但是，杠牌也有很多好处。第一，有的牌局规定，赢家的杠算得分，因此，开杠有赢得更多分值的机会。第二，有的牌局规定，杠上开花的得分翻倍，因此，在听牌后开杠有赢双倍得分的机会。第三，暗杠能够增加一次揭牌机会；明杠时，如果是杠下家、对家舍出的牌，也能增加揭牌次数。第四，有时，杠牌能起到一定的逼牌作用，可以间接使自己的牌势有所进展。第五，如果开出的明杠是中心张，对其他牌手可能会产生一定的打击抑制作用，能迫使其拆舍一些搭子，降低其手牌进展的速度。当然，杠牌有时也有一定的弊端。尤其是杠后放炮和明坎加杠被抢时，失分会很多。所以，牌手只有掌握杠牌的基本原则，善于运用杠牌的特殊技巧，才能处理好杠牌的问题。

一、杠牌的基本原则

开杠的好处很多，一般情况下，可以开杠时，都应该开杠，但是，开杠也有弊端，因此，牌手在决策杠牌时，要综合考虑，衡量利弊，对自己有利的杠要开，对自己不利的杠不开；对别人有利的杠不开，对别人不利的杠要开。以下是杠牌时应该注意的原则。

（一）孤杠可开，破坏牌相时不开

如果自己的暗坎暗杠没有联络牌，或者手中与已碰出明坎相同的牌没有联络牌，那么，一般情况下，开杠后对手牌不会有负面影响，可以开杠。特殊情况下，如果自己手牌组坯不够，而自己的暗坎暗杠，或与已碰出明坎相同的牌是联络能力很强的数牌，那么，也可以不开杠，给与坎子相同的牌靠搭。坎子的同牌靠搭成功后，由于它对别人来说是断牌，因此，搭子的待牌他人极易舍出，对自己吃牌食和皆非常有利。

如果杠牌后得不偿失，破坏了牌相，那就不要开杠。比如，暗坎与两张联络牌形成了一坎一顺，是两模牌，如果开杠，就只能形成一模牌，留下一个搭子甚至死搭子，会使牌姿退步，那就不要开杠。例如：七七七七八九饼，如果不开七饼杠，是七七七饼、七八九饼共两模牌；如果开七饼杠，八九饼就成了死搭子，只能形成一模牌。再如，暗坎与一张联络牌形成了一坎一搭，是一模牌和一个坯子，当组坯不多或别的组坯不好时，如果开杠，就只能形成一模牌，留下一个孤张，会使牌姿退步或变得恶劣，那就不要开杠。例如：

一饼	一饼	五饼	六饼	七饼	一条	三条	三条	三条	四万	六万	八万	西

这手牌组坯不多余。虽然三条有4张，但由于一三条能形成一个夹张搭子，因此，不能开杠。如果开三条杠，组坯就不够了。

（二）听牌后，大量减少待牌不开，有增加很多待牌的希望也可不开

听牌后，如果待牌组合是数牌暗坎与其联络牌形成的坎子挂单等好牌型，就不要开杠。因为开杠会使这一组合分开，只留下一个单张，这会大量减少待牌，使和牌的概率大幅降低。比如，听牌后，待牌组合是二三三三饼，待牌为单钓二饼带两边上一四饼，共 3 种 11 张，这种情况下，即使能给三饼开杠，也不要开。因为开杠后，待牌将只剩下单钓二饼，共 1 种 3 张，减少待牌太多。

有时，虽然手中的数牌暗坎暂时没有挂联络牌，是孤坎，但开杠后就使牌成了固定的死牌，不利于改善牌姿；而留下暗坎不开杠，有形成暗坎挂单好牌型的机会，有可能使牌姿得到很大改善，这种情况下，也应该考虑不开杠。比如，自己有四万暗坎，但听的是单钓牌，如果有人舍四万，虽然开四万杠有杠上开花的可能，但可能性很小，为了增加改善听姿的机会，可以留下四万暗坎，期待揭上来二三五六万，使听牌变成单钓带夹张上或两边上的好口子。

（三）可和牌时，自摸不开，食和要根据情况考虑是否开

有的听姿中，待牌包括手中的暗坎，当自摸或食和暗坎的同牌时，既可以报和牌，也可以按听牌开杠处理。报和牌，即没有杠，会失去杠上开花的机会；开杠，有可能错失和牌机会，导致最后不能和牌，甚至还有可能失分。那么，在这种情

况下，到底是和牌好呢，还是开杠好？

如果自己揭上来了暗坎的同牌，不要开杠，而要报自摸和牌。因为，虽然这样开杠有杠上开花的机会，或者后面还有带杠自摸的可能，但自摸已经能够得到高分了，如果放弃到手的自摸，只换取得到更高分值的可能，实在是不可取的。实战中，虽然有极少数牌手曾经这样开杠并且成功过，但那是小概率事件，不可效仿。这样开杠，更多的情况下会把已经到手的大胜变成失败。所以，自摸时，不能开杠，而要报和。例如：

| A
1 | A
2 | A
3 | B
1 | B
2 | B
3 | 发 | 发 | 四条 | 五条 | 六条 | 六条 | 六条 |

这手牌听两边上三六条兼两对倒绿发六条。如果自己揭上来了六条，不可开杠，而要报自摸和牌。

如果有人舍出自己暗坎的同牌，这时，要根据情况决定是否开杠。如果自己待牌种类较多，并且在一盘的早期时，可以考虑开杠。因为这时反正只能食和，得分不多，那就不如开杠。放弃和牌而开杠，减少的待牌数量不多，对自己影响不大，但开杠不但有杠上开花的机会，而且，即使未能杠上开花，后面和牌也会因为有杠而增加得分，所以，可以开杠。当然，如果已到后场，情况比较危险时，那就应该报和，以确保当盘胜出。例如：

| A
1 | A
2 | A
3 | 中 | 中 | 一万 | 一万 | 一万 | 二万 | 三万 | 四万 | 五万 | 六万 |

这手牌听三边上一四七万兼两对倒红中一万，待牌有4种10张。如果有人舍出一万，当在前场时，可以不报食和，而开明杠。开一万明杠后，待牌减为两边上四七万，还有2种7张，数量仍然较多。如果在后场，情况比较危险时，就不要开一万杠，而要食和，以确保赢牌。

（四）有危险时不开

由于存在抢杠和的特殊和牌方式和杠后放炮输分加倍的规定，因此，开杠常常有一定的风险。这就要求我们在开杠时，要以自己的安全为前提，如果开杠有较大危险，那就不要开杠。

第一，明坎加杠有被抢杠危险时不要开。明坎加杠时，不但数牌开杠有被抢杠的可能，而且，在允许打全不靠和字幺九的牌局中，字牌开杠也有被抢杠的危险，这需要牌手注意观察分析，判断评估一下开杠的危险程度，然后决定是否开杠。实战中，有人为了制造杠上开花的机会，在别人舍出自己暗坎的同牌时，本可以直接开杠，但却不开，而是先碰成明坎，手中保留下明坎的同牌，专等听牌时再开。这种情况下，牌手要注意，开杠时，要确保这种牌不是别人听牌后的待牌。为了防止明坎加杠时被人抢杠，当别人舍出我手中数牌暗坎的同牌时，最好还是当时就开杠。如果手中的暗坎是字牌，除了有人打全不靠或字幺九会抢杠外，一般情况下，没有人能抢杠，这种情况下可以暂时不开杠，等听牌后再开，以求有杠上开花的机会。

第二，开杠后有放炮的危险时慎开。杠后放炮失分翻倍，因此，为了避免杠后放炮的危险，当杠后没有安全牌可舍时，要注意慎开。

由于杠牌有一定的危险，因此，古牌谱上也说："杠牌须三思。"

上面讲的是开杠的直接危险。另外，在后场，当自己的手牌较乱，听牌的希望渺茫时，也不要开杠。这和有危险时不吃碰的道理一样。而且，当可杠的暗坎或甚至未开的暗杠安全时，为了防敌，还可以拆开——舍出。我们常见有的牌手在后场盯牌时连舍 3 张甚至 4 张相同的字牌，老老实实地进行防守，以确保不放炮失分，他们采取的就是这种打法。

（五）暴露牌情过多时不开

如果牌局规定赢家的杠加分，杠上开花得分翻倍，那么，即使暴露牌情，一般也要开杠。但如果牌局规定杠不算得分，而且杠上开花也不翻倍，那么，当开杠会暴露牌情过多时，就可以考虑不杠。在计番的牌局，如果开杠会使做番的企图暴露，也可以考虑不开杠。尤其是，当上家舍出我暗坎的同牌时，开杠还不能增加揭牌次数，那就不要开杠，而应该直接从牌墙上揭牌。

开杠暴露了牌情，不但常常对自己进攻不利，有时，还对敌人进攻有利。比如，当自己有数牌暗坎，尤其是中心牌暗坎时，不开杠的话，其他人不知道这种牌被我占了 3 张，对他们来说，这是一个重要信息，我不开杠就能保守住这个重要秘密。例如，我手中有 3 张五饼，上家舍出五饼后，为了不暴露牌情，我故意不开杠，这样，当有人待牌是五饼时，他可能不会改牌，他不改牌，就难以成和甚至不能成和，对我有利。反过来说，如果我开了五饼的杠，他人听牌时，就会避开待牌为五饼的听姿，这对他有利。

（六）打巧七对听牌快时不开

有的牌局中，允许巧七对和牌。如果手牌对子多，打基本牌型难以成和，而打巧七对容易，那么，当手中有暗坎时，就不要开杠；甚至即使有暗杠，也不要开，而应该把暗杠当成两个对子。否则，就会使听牌速度减慢。尤其是，当手中已经有五个对子时，如果杠牌，打基本牌型，会使牌姿退到二人听，那么，一般情况下，不要开杠。

（七）能连续开杠时可开

连续揭牌不易打亏牌，因此，如果自己手中的四同牌不止一个，就可以考虑连续开杠。

（八）给敌造成压力时可开

开杠不但有杠上开花的机会，而且，赢牌时带杠还能加分，另外，有很多人会等到听牌后或牌很好时才开杠，因此，开杠不但表明赢牌时得分较多，而且，往往意味着牌好，这样，开杠一般都会给敌造成压力甚至很大压力。根据这一原理，如果为了让敌人觉得我牌好，迫使敌放弃大番，甚至迫使敌放弃进攻，那么，我可以故意开杠，甚至在牌乱时也故意开杠。

（九）破坏敌牌时可开

像碰牌有时能破坏敌牌一样，杠牌有时也能或更能破坏敌牌。如果能够破坏敌牌，哪怕杠牌对自己直接没有利，也可以考虑开杠。

和为了破坏敌牌而碰牌一样，在下面三种情况下，牌手应该开杠。

一是，杠别人欲吃的牌，使敌不能吃进，延迟其进展速度。

二是，杠中张牌，逼迫有的人拆牌，迟缓他们的进展速度。

三是，杠他人需要的牌，让其丧失信心，动摇决心。比如，估计有人在打全不靠，我早早开出字牌杠，这可能会让敌觉得打成的希望渺茫，被迫改变战略方向。

另外，在打牌时，某家开暗杠后，其他需要明牌中未出现的牌的牌手往往会怀疑暗杠是他需要的牌，这样，开暗杠有时也能起到破坏敌牌的作用，因此，当有暗杠时，为了破坏敌牌，牌手可以在适当的时候开杠。

（十）重点防下家时不要用暗坎要牌开杠，隔空舍牌人的下家时可以用暗坎要牌开杠

自己用暗坎要牌开杠，下家会增加揭牌机会，因此，如果当时需要重点防下家，那么，就要注意考虑放弃要牌开杠。

牌手舍出的牌如果被人杠走，其下家就失去了当次揭牌机会，因此，如果想隔空舍牌人的下家，就可以用暗坎要牌开杠。

二、杠牌的特殊技巧

关于杠牌，主要有两个特殊技巧。

（一）是否开杠要以不亏牌为前提

组织进攻时有一个原则，即不亏牌。如果有杠不开，常常会因为要保留坎子的同牌而被迫舍出别的本不该舍的牌，这有可能会造成亏牌。另外，数牌中的杠有联络作用时，如果早开，会使其成为死牌，这也有可能会亏牌。所以，是否开杠，要以不亏牌为前提。

1. 无联络作用的孤杠

孤杠不能与其他牌组成搭子，这种杠与牌面的其他牌没有关系。有孤杠不开，会多占一张牌，这有可能会亏牌；而早开杠又会失去杠上开花的机会，因此，孤杠是否早开，要根据手牌的情况决定。

如果手中的牌都有用，不开杠要舍出一张有用或有用可能性很大的牌，那打亏牌的可能会较大，为了不亏牌，这时应该早开杠。例如：

东	东	东	东	二万	三万	五万	五万	七万	一饼	二饼	三饼	九条	九条

第六章 要牌技巧

这手牌，如果当时不开杠，就要舍五万或七万，这会使待牌种类减少一种，亏牌，因此，这种情况下，宜早开东风杠。

如果手中有闲牌，留下杠不开不会造成亏牌的情况，那也可以不急着开杠。比如，手牌一入听时，如果有将和两个搭子，手中有闲牌，那么，不开杠也不会亏牌。例如：

一万	一万	一万	一万	发	发	六万	七万	八万	三饼	四饼	七条	八条	中

这手牌，不开一万杠，舍红中，不会亏牌，因此，可以留着一万暗杠，等进来二五饼或六九条时再开，以求有杠上开花的机会。

2. 有联络作用的数牌暗杠

数牌中的暗杠能与联络牌形成搭子，是否早开，要看手牌的好坏。

如果搭子不够或不好，开杠后，这种牌就成了断牌，会使牌面组合的范围缩小，甚至造成致命困难，这种情况下，数牌的暗杠适宜晚开，最好等到杠已经没有联络作用时再开。那时开杠，就不会亏牌了。例如：

A1	A2	A3	七饼	八饼	三万	五万	五万	五万	七万	中	中

这手牌，五万暗杠能与三七万形成搭子，不开杠，是一入听，待牌有六九饼、四六万；如果早开杠，就退到了二入听，

会亏牌。所以，这种情况下先不要开杠。假如后面揭进二万或八万，按理应该舍七万或三万，五万也失去了联络价值，那时，就可以开杠了。

（二）创造杠上开花机会的技巧

杠上开花能够赢双倍的得分，因此，很多牌手都对杠上开花情有独钟。但是，专等听牌后再开杠往往会因为杠占了一张牌而使待牌范围缩小，对听牌不利。那么，什么情况下可以专等听牌后再开杠，制造杠上开花的机会？什么情况下应该早开杠，以免亏牌？我认为，这要看手牌的好坏以及在一盘的什么阶段。

第一，要看手牌的好坏。如果牌面很好，搭子足够，没有复合搭子，不开杠不会使牌面组合范围缩小，不会打亏牌，那就应该创造杠上开花的机会，专等听牌时再开杠。如果牌面较差，搭子不够，或者有复合搭子，早开杠才不会缩小待牌范围，才不会打亏牌，那就适宜早开。

第二，要看在一盘的什么阶段。如果在一盘的前场，自己揭牌的机会较多，即使缩小了一点待牌范围，也可能不会产生重大影响，这种情况下，可以先不开杠，尽量创造杠上开花的机会，专等听牌时再开杠。如果在后场，自己的牌面较差，急于听牌，那就应该早开杠。

第七章 谋牌技巧

打麻将游戏中，吃牌、碰牌、暗坎要牌开杠、食和时，都需要别人舍出我的待牌。我需要的牌，别人不一定会及时舍出来，甚至有时候会因为防备而故意不舍。为了谋取自己需要的牌，牌手要善于运用一定的手段，促使别人舍出来，这就是谋牌技巧。谋牌时，要积极主动地运用手段，设计陷阱，甚至进行欺骗，有目标有针对性地谋取。谋牌的方法很多，以下各节是实战中既容易操作，效果又很好的常用手段。

第一节 诱敌深入——诱牌技巧

通过拆舍搭子的办法引诱敌舍出所拆搭子的待牌，就是诱牌技巧。

一、诱牌的原理

搭子富余时，牌手会拆搭子，拆搭子后，拆掉的搭子就要不上其待牌了，而且，当手中其他搭子与拆掉的搭子没有相同的待牌时，别的搭子也要不上已拆搭子的待牌，因此，一般情况下，牌手拆舍了什么搭子，就不需要什么搭子的待牌了。利用这一原理，如果我的两个搭子有相同的待牌，就可以通过拆其中一个搭子的办法诱骗敌舍出另一个搭子的待牌。如果需要的牌不是搭子的待牌，而是其他类型的待牌，也可以通过拆搭子的办法进行诱骗。

"调虎离山"，"诱敌深入"，运用诱牌技巧，常会让敌在防我、认为我已不需要某牌时舍出该牌，给我供牌放炮。实战中，牌手经常会用诱牌技巧引诱待牌，而且，其效果常常也很好。

二、诱牌的要领

运用诱牌技巧，要注意下面一些问题。

（一）要有诱牌的意识

打麻将时，敌人往往会防备我，因此，只有让敌觉得我不需要某牌时，敌才会放心大胆地舍出该牌，这就要求在引诱敌人时，要有意识、主动地诱牌。

在以下三种情况下，都可能通过拆搭子的办法引诱敌舍出我需要的牌。

1. 拆一个搭子，诱骗另一个搭子的待牌

当自己的搭子多余，并且其中有两个搭子有相同待牌时，连续舍掉其中一个搭子的两张牌，会让人以为自己拆了这个搭子，不再需要这个搭子的待牌了，其实，自己还有一个搭子能要上前面拆掉的那个搭子的全部待牌或部分待牌。这个办法多

用来诱骗上家,以达到吃牌的目的;听牌时,也可通过这个办法诱骗炮牌。

实战中,通过拆搭子达到诱牌目的有以下几种具体办法。

(1) **从相同搭子中拆掉一个**

有时,手中有两个相连或相隔的对子,它们既可以看作两个对子,又可以看作两个搭子。如果手牌较好,又多对子,就可以舍掉两个对子中的各一张,诱敌舍下搭子的待牌。例如:

A1	A2	A3	B1	B2	B3	C	C	五万	五万	六万	六万	七条	八条

这手牌是一入听,应该舍五万。如果后面揭上来六七八九条,应该接着舍出六万。这样,别人往往会认为我是在拆五六万搭子,由此判断四七万对我来说是安全牌,不料我还有一个五六万搭子,仍然需要四七万。

这种技巧用起来比较容易,拆掉一个搭子,手中还有相同的另一个搭子,俗称"还有一套班子"。

(2) **从交叉搭子中拆掉一个**

有时,手中的牌较好,并且有两个交叉的两边搭子,这种情况下,可以拆掉其中一个搭子,诱敌舍下另一个搭子的待牌。例如:

A1	A2	A3	B1	B2	B3	C	C	三饼	四饼	六饼	七饼	二万	三万

这手牌,先舍三饼,后舍四饼,别人往往会认为我不要二五饼了,其实我还有一个六七饼搭子,待牌五八饼,仍然要五饼。

(3) 从包含搭子中拆掉一个

包含搭子中，一个是边张上或夹张上，一个是两边上，可以拆掉其中的一个，使敌判断错误，舍下另一个搭子的待牌。例如：

| A1 | A2 | A3 | B1 | B2 | B3 | C | C | 一条 | 二条 | 四条 | 五条 | 四饼 | 五饼 |

或者：

| A1 | A2 | A3 | B1 | B2 | B3 | C | C | 二条 | 四条 | 四条 | 五条 | 四饼 | 五饼 |

这两种牌，一般情况下，牌手当然会拆一二条边张搭子或二四条夹张搭子，留下四五条两边搭子。敌看到我拆掉了待牌为三条的边夹张搭子，可能会认为我不要三条了，不料我还有四五条两边搭子，仍然要三条。

用拆边夹张搭子诱敌的办法不亏牌，但有的高手会防这种情况，可能不会上当。如果蚀搭子拆牌，一般情况下，上家必会上当。尤其是，如果上家是高手，盯牌很有水平，这样打牌，他反而才会上当。所以，当遇到敌人水平很高时，牌手也可以考虑拆掉两边搭子，来诱骗边夹张搭子的待牌。上两例中，如果拆掉四五条两边搭子，他人必认为我不要三条，会断定三条是安全牌，很难判断出我还有待牌是三条的边夹张搭子。当然，蚀搭拆牌要冒亏牌的风险，因此，建议只在特殊情况下诱骗高手时才用，一般情况下慎用。

(4) 从相似搭子中拆掉一个

如果一个边张搭子和一个夹张搭子的待牌相同，是相似搭子，拆掉一个，留下一个，敌人也极难防备。例如：

| A
1 | A
2 | A
3 | B
1 | B
2 | B
3 | C | C | 六万 | 八万 | 八万 | 九万 | 二条 | 三条 |

这种牌型，可以先舍九万，后舍八万，让人觉得我是在拆八九万边张搭子，认为不需要七万了，不料我还有六八万夹张搭子，仍然要七万。当然，诱骗高明的对手时，也可以用拆六八万夹张搭子的办法来诱骗七万。

(5) **从三个搭子中拆掉一个**

少数情况下，牌手还会遇到待牌为筋线牌的三个搭子：其中两个是交叉的两边搭子，另一个是边张搭子。这种情况下，拆掉中间的两边搭子，诱牌的效果会更加明显。例如：

| A
1 | A
2 | A
3 | B
1 | B
2 | B
3 | C | C | 一饼 | 二饼 | 四饼 | 五饼 | 七饼 | 八饼 |

这种牌，要拆四五饼。拆舍四五饼后，别人，尤其是上家会降低防备三六饼的戒心，甚至会失去戒心。无论上家舍出三六饼中的任意一张，我都能用一个搭子吃进听牌。在我吃进三六饼中的一张后，别人很可能只会想到我是用拆四五饼的办法诱骗已吃进的那张牌，根本不会想到我还在诱骗另一张牌，他们必会对另一张牌失去戒心，给我放炮。比如，上家舍出六饼，我用七八饼吃进，别人只会觉得我是在用拆四五饼的办法诱吃六饼，几乎想不到我的待牌会是三饼，甚至会认为我肯定不会再要三饼了。当他们大胆舍出三饼时，就会给我放炮。

2. 单钓时，舍出搭子，用搭子的待牌单钓

很多时候，牌手听牌时会被迫拆舍搭子中的一张牌，用

另一张牌来单钓。这种情况下，如果后面揭上来了这个搭子的待牌，就可以继续舍原搭子的另一张牌，改钓搭子的待牌。例如：

A1	A2	A3	B1	B2	B3	C1	C2	C3	二条	四条	七饼	八饼

此牌为一入听，揭上来三条后，必须单钓听牌，于是舍出七饼，听单钓八饼。如果后面揭上来了九饼，那么，就应该舍出八饼，改钓九饼。因为，这样打牌，别人会认为我是在拆七八饼，认为我肯定不要六九饼，如果盯牌，他们舍出九饼的可能性会非常大。

3. 当暗坎为某一搭子的待牌时，舍出搭子，可以诱敌供我杠牌

有时，自己本来有一个暗坎，暗坎中的一张牌与联络牌形成了顺子，但是，自己的牌面较好，不需要这个顺子。这种情况下，为了诱别人舍下自己暗坎的同牌，供我开杠，就可以舍掉暗坎的联络牌，让别人以为我是在拆搭子。这种打法非常高明，一般人很难防备。例如：

二万	三万	九万	九万	四饼	五饼	六饼	东	东	七条	八条	八条	九条

这手牌是一入听，当前需要舍一张牌。由于九万和东风都较易碰出，因此，牌手可以拆舍七九条。连续舍出七九条后，别人一般都会以为我是在拆七九条夹张搭子，往往会认为我不需要八条，极难猜出我手中有八条暗坎，当他人舍出以为对我

198

安全的八条时，我就可以要牌开杠了。

（二）最好连续舍出所拆搭子的两张牌

运用这个办法诱骗时，要注意最好连续舍出所拆搭子的两张牌，给对手以深刻的印象，让对手牢牢记住你曾经拆过这个搭子。这样的话，对手的记忆力越强，水平越高，越容易上当。

（三）根据对手设计骗局

诱骗敌人时，对手不同，诱骗的效果往往不一样，甚至大不一样。有的对手水平很高，你只有用高级的诱骗技巧才可能达到目的；有的对手水平很低，有可能你设计的骗局他看不懂或根本就没有意识到，所以，诱骗对手时，必须结合对手的水平设计骗局。比如，在允许吃的牌局，你手中有一二万和四五万两个搭子，需要拆一个搭子。在诱骗上家时，你就要根据上家的水平决定拆哪个搭子。如果上家的水平不高，你可以拆一二万搭子。你拆一二万后，上家看到你已经拆了待牌为三万的边张搭子，他可能就会以为你不再需要三万了。而如果上家的水平很高，你拆一二万后，他反而会防你的三万，这时，你就不如拆四五万。拆四五万，他上当的可能性才更大。

第二节 抛砖引玉——勾牌技巧

通过舍筋线牌的办法勾引所需要的牌，就是勾牌技巧。

一、勾牌的原理

跟牌时，牌手经常会跟着安全牌舍其筋线牌，尤其是相邻的筋线牌。因为相邻的筋线牌往往同危险同安全。第一，如果某种数牌安全，那就说明他人没有待牌包括这种牌的两边搭子。两边搭子的待牌既有这个牌，又有其相邻的筋线牌，所以，这张牌安全，往往意味着其相邻的筋线牌也安全。比如，某牌手不要二万，就说明他没有三四万搭子，他不会因为有三四万搭子而能要上二万的相邻筋线牌五万。第二，如果某种数牌安全，那就说明他人所听的牌不是待牌包括这个数牌的四连牌两头钓将。四连牌两头钓将时，其待牌为相邻的筋线牌，所以，这张牌安全，往往意味着其相邻的筋线牌也安全。比如，某牌手不要九条，他听的肯定就不是六七八九条两头钓将，他不会因为六七八九条两头钓将而能要上九条的相邻筋线牌六条。

需要注意的是，某种数牌安全，并不能确保其筋线牌，包括相邻的筋线牌一定安全。因为，第一，他人的待牌是搭子求吃的牌时，也有可能其搭子是夹边张，或者是待牌为筋袖牌的相邻和相隔筋线牌的两边搭子，那样，跟筋线牌就不安全了。比如，某牌手不要四饼，但有可能他手中有八九饼边张搭子，或者有六八饼夹张搭子，这样，虽然他不要四饼，但却需要四饼的相邻筋线牌七饼。再如，某牌手不要三条，但他手中可能有七八条搭子，需要三条的筋线牌六九条。第二，他人的待和牌是钓将时，也有可能是单钓将，或者是待牌为筋袖牌的相邻和相隔筋线牌的四连牌两头钓将，那样，跟筋线牌就不安全了。比如，某牌手不要四万，但有可能他是单钓四万的筋线牌一万或七万。再如，某牌手不要二饼，但有可能他是五六七八饼两头钓将，需要二饼的筋线牌五八饼。第三，他人的待牌有可能是包括其筋线牌形成的对倒，那样，跟筋线牌就不安全了。比如，某牌手不要六条，但有可能是三条或九条与别的对子形成的对倒，甚至有可能是三条和九条形成的两对倒。但是，即使存在这三类问题，很多情况下，尤其是当牌手可选舍的几种牌的安全程度不易判别时，一般地，跟筋线牌尤其是相邻的筋线牌还是要比舍其他牌更安全一些，因此，跟筋线牌尤其是相邻的筋线牌是牌手常用的打法。

由于牌手在舍牌时常常会跟着前面舍过的筋线牌舍，因此，打牌时，如果自己想要某种数牌，就可以采取舍其筋线牌的办法进行勾引。

"抛砖引玉"，"引蛇出洞"，运用勾牌技巧，常常会让敌在已有防范意识，在跟牌甚至故意跟牌时给我供牌放炮。实战中，用勾牌技巧勾引待牌，非常有效，几乎可以说是屡试不爽，而且，勾牌技巧的实用性很强，牌手经常能用上这一技巧。

二、勾牌的要领

利用筋线牌勾牌时，为了使勾引的效果更好，牌手要注意以下几个问题。

(一) 要有勾牌的意识

勾牌时，需要牌手先舍出待牌的筋线牌，因此，牌手要有意识地运用这一技巧，争取舍待牌的筋线牌。

有的情况下，选择舍牌时，既可舍与某些待牌无关的牌，也可舍其筋线牌，为了起到勾引待牌的作用，就应该有意识地舍其筋线牌。例如：

东	东	东	四万	七万	七万	八万	一条	一条	四条	四饼	七饼	八饼	九饼

这手牌，要从四万、四条、四饼中选择舍一张牌，为了早早碰出一条，应该先舍四条，以勾引一条。碰出一条后，就应该舍四万，以勾引七万。

牌手如果有勾牌的意识，有时会采取看似亏牌实则高明的打法。例如：

二饼	三饼	四饼	六条	六条	六条	三万	三万	四万	五万	五万	五万	七万	八万

当前可以听牌，听的是七八万待六九万，可以在三万和四万之中选择一张舍出。实战中，很多人都会选择舍四万，因为这样能留下独立的暗坎五万，有开杠的机会。但高手会放弃五万开杠的机会，采取舍三万的打法，因为舍三万能起到勾引六万的作用，有利于早早食和。

听牌时，如果能听在自己舍出牌的筋线牌上，别人往往很难防备，当他跟筋线牌时，就会点炮。例如：

第七章 谋牌技巧

| 一万 | 二万 | 三万 | 七万 | 七万 | 七万 | 三条 | 三条 | 四条 | 红中 | 红中 | 五饼 | 七饼 | 九饼 |

这手牌无论舍五条听夹八条或舍九条听夹六条，待牌都是所舍牌的相邻筋线牌，很容易食和。

听牌时，为了达到勾引对手及时放炮的良好效果，在比较安全的前提下，留闲张时，可以故意留下听牌后可能待牌的筋线牌，在听牌时再舍出，以勾引待牌。这需要牌手预先谋划，专门设计。例如：

| 五饼 | 六饼 | 七饼 | 南 | 南 | 南 | 一万 | 一万 | 六万 | 七万 | 三条 | 四条 | 板 |

这手牌是一入听，需要给六七万和三四条搭子上待牌。手中留下安全牌白板，是为了在听牌时舍出，以确保不会听牌放炮。但是，如果后面揭上来了八条，当牌局在前场，而且二五八条属生张时，可以舍出白板，留下八条，专等听牌时再舍。因为，这手牌最后听二五条的可能性很大，如果最后真的听成了二五条，留下八条的意义就非常大了。我们分析一下：二五八条是生张，如果自己在未听牌前早早率先舍出八条，很可能就有人会很快接着跟出五条甚至二条，但当时自己尚未入听，不能和牌，而等自己听牌后，二五条可能已经被人舍得差不多了。由于这时在一盘的前场，接下来的几巡，八条放炮的可能性较小，留下八条虽然不如白板安全，但风险也不大。而一旦自己很快入听，听的又是二五条，等人听时再舍出生张八条，那么，很可能有人会很快甚至立即放心大胆地紧跟着八条舍出其筋线牌五条甚至二条，给我放炮。

（二）要用相邻的筋线牌勾

勾牌时，只有用相邻的筋线牌勾引，效果才好；如果用相隔的一种筋袖牌来勾引另一种筋袖牌，效果往往十分微弱。因此，在可以选择时，要注意用相邻的筋线牌勾引。

筋心牌必然与两个筋线牌相邻，因此，需要勾引筋心牌时，不存在用相隔的筋线牌勾引的问题，只有在勾引筋袖牌时，才存在这一问题。勾引筋袖牌时，不能用一侧的筋袖牌勾引另一侧的筋袖牌，那样勾引，几乎起不到作用。例如：

A1	A2	A3	B1	B2	B3	C	C	一饼	二饼	六饼	七饼	八饼	九饼

这手牌，要从六九饼中选择舍出一张，为了勾三饼，应该舍六饼。如果用舍九饼的办法来勾引三饼，那效果将是十分微弱的，甚至起不到任何作用。

（三）在能选择时，注意尽量用筋心牌勾筋袖牌，不要用筋袖牌勾筋心牌

勾牌时，用筋袖牌勾筋心牌的效果不如用筋心牌勾筋袖牌的效果好。因为，两边搭子或四连牌钓将，其待牌既有筋心牌，也有筋袖牌，如果某家不要筋心牌，就说明他就没有待牌包括该筋心牌的两边搭子，或者所听的牌不是待牌包括该筋心牌的四连牌两头钓将，那他也不会用两边搭子要上或者以四连牌钓上该筋心牌对应的筋袖牌。比如，某家不要五万，就说明

他没有三四万和六七万搭子，也不是在用二三四五万和五六七八万四连牌两头钓将，这样，他就不会用两边搭子要上二八万，也不会用四连牌钓上二八万。相反，如果某家不要筋袖牌，却不一定能说明他不要筋心牌，因为他手中可能有待牌包括筋心牌的另一个两边搭子或四连牌。比如，某家不要二万，可以说明他没有三四万两边搭子或所听的牌不是二三四五万两头钓将，但不能说明他没有六七万两边搭子或所听的牌不是五六七八万两头钓将，这样，虽然他不要二万，但不能说明他不会用两边搭子要上或以四连牌钓上五万。这一基本原理告诉我们，勾牌时，用舍筋心牌勾引筋袖牌的效果好，用筋袖牌勾引筋心牌的效果不好。

由于用筋心牌勾筋袖牌的效果好，因此，如果牌手可以选择，最好还是用筋心牌来勾筋袖牌，而不要用筋袖牌勾筋心牌。例如：

A1	A2	A3	B1	B2	B3	C1	C2	C3	D	D	一条	三条	五条

这手牌，既可舍一条听夹四条，也可舍五条听夹二条。由于舍筋袖牌一条勾引筋心牌四条的效果较弱，因此，不如舍筋心牌五条来勾引筋袖牌二条。

（四）勾筋心牌时，最好能用两侧的筋袖牌同时勾

一般牌手都明白对手不要一侧的筋袖牌，不一定就不要筋心牌的道理，因此，用一种筋袖牌勾引筋心牌时，效果往往不好。但是，如果两侧的筋袖牌都安全，那么，从只求两边搭子

待牌或听牌时四连牌两头钓将的角度讲,则可以说明筋心牌也安全,因此,用筋袖牌勾筋心牌时,如果能用两侧的筋袖牌一起勾引筋心牌,效果就会很好。例如:

A1	A2	A3	B1	B2	B3	C	C	二万	二万	四万	六万	八万

这手牌,如果碰出二万,要继续舍八万。因为二万自己碰出,是熟牌,如果再舍八万,他人往往会认为二八万的筋心牌五万安全,必能起到勾引的作用。

用两侧的筋袖牌勾筋心牌时,最好能连续舍出。连续舍出两侧的筋袖牌,往往能够给人留下深刻的印象,这样才更容易达到勾引的目的。例如:

A1	A2	A3	B1	B2	B3	C1	C2	C3	五条	六条	三饼	六饼	九饼

此牌人听时,极有可能会形成单钓将。为了使别人容易放炮,要预先谋划。现在,这手牌应该舍九饼。下巡揭进的牌只要不是一二三四饼,都要接着舍三饼。连续舍出了九饼和三饼后,他人往往会认为三九饼的筋心牌六饼安全。如果后面进了四七条,听单钓六饼,他人将很难防备。

第三节 浪子回头——回牌技巧

回头要自己以前曾经舍出过的牌,即要回头牌,就是回牌技巧。

一、回牌的原理

舍牌时，一般情况下，牌手都会权衡利弊，以决定舍什么牌对自己最有利，因此，舍出去的牌，往往意味着自己不要。比如，某家舍出一万，就说明他不需要一万。利用这一原理，在打牌过程中，有时可以故意回头要自己以前曾经舍出过的牌。

运用回牌技巧，回头要自己以前曾经舍出过的牌，尤其是在听牌时，效果极好。因为牌手在打牌时往往会看别人的舍牌相，并且会认为他人舍出去的牌肯定是他不要的牌，所以，在盯牌时，大家多会跟着他人以前舍过的牌舍。如果自己舍出去的牌又听回来了，即使高手，也不可能防住。甚至，到后场时，由于大家都在防敌，舍牌时会专门挑别人前面舍过的牌舍。如果你在听牌时，回头听自己以前尤其是最近曾经舍出过的牌，那谁也防不住，甚至好像有人在专门挑着拣着给你放炮一样。

"浪子回头金不换"，"回眸一笑百媚生"，牌手善于运用回牌技巧，常常会把敌人打得盯不胜盯，防不胜防，乃至无所适从，不知所措。

牌场上，我们常遇到一些高手打不过低手的情况，其中有一个原因就是：一些低手在打牌时，往往取舍不当，再加上没有坚定的主意，常常会因为取舍乱变化而形成回头要自己以前曾经舍过的牌的情况，这让大多数高手都没有办法防备，常常会把高手打得摸不着头脑，哭笑不得。虽然低手打牌时不一定是有意识地在运用回牌技巧，但是，他们的这种打法正好与回牌技巧相同，因此，才会让很多高手连连中招。

二、回牌的要领

运用回牌技巧，要注意以下两个方面的问题。

(一) 要有回牌的意识

无论是在拆搭子，还是在靠牌时，如果能形成要回头牌的情况，会非常容易吃牌或食和。

1. 拆搭子时

牌手在拆搭子时，常常会遇到这种情况：刚刚拆舍一张，还没有来得及舍第二张，就揭进了这个搭子的待牌，结果，揭上来的这张牌与还没有来得及舍出的那张牌又组成了一个新搭子，反而需要先前舍出去的那张牌了。这种情况下，由于自己的搭子仍然多余，因此，还要继续拆搭子。如果这个新搭子不比其他搭子差，一般情况下，就应该留下这个新搭子，改拆另外的搭子。因为，你在一开始拆原搭子时已经舍出了一张牌，对手往往会认为你必不需要这种牌，他们在决策舍牌时多会认为这种牌或其相邻的筋线牌对你来说是安全牌，会很容易舍出来，不料，你重新组成的新搭子正需要原来舍出去的那种牌或者还包括其相邻的筋线牌。例如：

| A
1 | A
2 | A
3 | B
1 | B
2 | B
3 | 中 | 中 | 二万 | 三万 | 六条 | 七条 | 七饼 | 九饼 |

这手牌搭子富余，要拆一个，一般情况，人们都会拆七九饼夹张搭子。舍九饼后，未等舍七饼，下巡就揭进了八饼，形成了如下牌形：

A 1	A 2	A 3	B 1	B 2	B 3	中	中	二万	三万	六条	七条	七饼	八饼

这时，是继续拆舍七八饼搭子呢？还是拆舍其他两个搭子？一般情况下，应该留下七八饼搭子，在另外两个搭子中选拆一个。因为，你舍出过九饼，其他人往往会认为你不再需要九饼甚至六饼了，他们会容易舍出来，你吃进或食和容易。

再如：

A 1	A 2	A 3	B 1	B 2	B 3	C 1	C 2	C 3	一条	一条	六万	八万	八万

当时，海里已经舍出了1张六万、2张九万。牌手考虑到一条和八万相对都较易碰出，因此，舍出了六万。不料，下巡正好揭上来了七万，这时，无论是继续听一条八万两对倒，还是听六九万，待牌都是4张。那么，到底应该听什么呢？我认为，宜舍出一张八万，听七八万搭子形成的两边上六九万。因为你刚刚舍出过六万，别人往往会认为你不要六万甚至九万，因而会轻易舍出六九万，给你放炮。

2. 靠牌时

有时，手中有多个孤张，需要从这些孤张中选一张牌舍出，留下其他孤张靠牌。但是，牌手经常会遇到这种情况：舍出孤张甲后，本来希望孤张乙靠成模坯，结果孤张乙没有靠成模坯，反而揭上来了孤张甲的联络牌。遇到这种情况时，牌

209

手可以考虑留下新揭上来的牌,重新靠牌。因为,重新靠牌成功后,很可能靠成模坯的待牌就是原来自己曾经舍出去的牌,这会让别人很难防备。例如:

| A
1 | A
2 | A
3 | B
1 | B
2 | B
3 | C
1 | C
2 | C
3 | 东 | 东 | 三饼 | 七条 | 六万 |

这手牌,需要从三个孤张中舍出一个,留下两个孤张靠牌。牌手决定舍六万。舍出六万后,不料下巡揭上来了七万,这时,就宜留下七万,舍出三饼或七条,因为,如果后面给七万靠上了八万或者五万,待牌中有六万,他人很难防备。

(二) 所要的牌,舍出的时间越近越好

打麻将时,从熟张的远近与安全的关系上说,越是离当前近的熟牌,越安全。因此,敌在跟牌时,会更倾向于跟舍出时间离当前更近的牌。这样,你所要的回头牌曾经舍出的时间离现在越近,敌就越容易舍出。

实战中,我们经常会遇到因为牌情的发展变化而回头要以前舍出过的牌的情况。但是,牌情的发展变化有个过程,一般来说,要回以前较早舍出的牌的情况较多,要回最近舍出尤其是刚刚舍出的牌的情况较少。所以,当敌在防你时,即使会想到你可能由于牌情的发展变化而重新需要以前曾经舍出过的牌,但也会重点防你要回更早曾经舍出过的牌,而一般不会想到你会要回最近舍出尤其是刚刚舍出过的牌。也就是说,如果想要回自己曾经舍出过的牌,那么,舍出的时间离现在越近,敌越难防。

第四节 逼上梁山——逼牌技巧

通过让我想要的牌的联络牌大量入海落地的办法,使别人看到我想要的牌的联络能力降低,用处变小,逼迫进攻的人舍弃我想要的牌,就是逼牌技巧。

一、逼牌的原理

实战中,数牌实际联络能力的高低既与该牌本身理论上的联络能力有关系,也与其联络牌出现的多少直接相关。随着某种数牌的联络牌在明牌中出现得越来越多,该牌的实际联络能力就会变得越来越低。如果某种数牌的联络牌已经全部舍出或亮明,那么,这种数牌的联络能力就与字牌无异了。随着数牌联络能力的降低,牌手在舍牌时,会被迫选择舍出这些联络能力较低的数牌。运用这一原理,为了逼迫他人舍出某种数牌,可以采取大量舍其联络牌或碰杠其联络牌的办法,让敌看到我想要的牌的联络能力降低,从而觉得它留在手中无用,被迫舍出。

逼牌时,往往需要把较多甚至大量的联络牌变成明牌,如果只舍一张联络牌,逼牌的效果极其微弱,甚至不能直接起到逼牌的作用,那么,在实战中,如果自己只有一张联络牌可舍,舍不舍?我认为,即使自己只有一张联络牌可舍,为了逼牌,也要舍。因为,有时,虽然自己只舍了一张牌,但由于在舍牌上存在蝴蝶效应,很可能会间接起到逼牌的作用,最终逼牌成功。第一,打麻将时,有很多人会采取跟牌的打法。你舍出了一张牌,可能会引得别人接着舍出,最终起到逼牌的作用。例如,听牌时,你要从六八九万中选择一张六九万舍出,为了逼七万,你故意不舍九万而舍六万。很可能你舍六万后,就有人会跟着舍六万,这样,就会因为六万被舍出的较多而起到逼七万的作用。第二,打麻将时,有很多人取舍牌时会根据相关牌在明牌中的多少选择。你舍出了一张牌,其他人在选择取舍牌时,有可能会因为你舍出的牌使他手中一些牌的联络能力不如另一些牌而被拆舍,虽然他们拆舍的那些牌并非你想要的牌,但他们舍出了那些牌,也可能会使其他人跟牌,或舍那些牌的联络牌。如此一来,就有可能因为你舍出了一张牌,引得这张牌附近的牌纷纷舍出,最终起到逼牌的作用。例如,你手中有一二二四饼,对家手中有二四饼。为了逼碰二饼,你故意不舍一饼而舍四饼。你的下家需要靠牌,当他在三饼和三条之间选择留牌时,很可能会因为四饼已被舍出一张,觉得三条的靠牌能力比三饼强,因此留三条、舍三饼。你的上家看到有人舍出了三饼,从三四五六饼中拆一头时,会接着跟出三饼。你的对家看到二四饼的待牌三饼已被人舍出两张,只好拆牌,下巡,舍出二饼,供你碰出。所以,虽然你舍出的一张牌在当时不一定能直接起到逼牌的作用,但却可能因为蝴蝶效应而间接起到逼牌的作用,最终逼牌成功。

"四面楚歌","逼上梁山",运用逼牌技巧,常常会使敌无可奈何,甚至明知舍出的牌有可能对敌有用,但为了进攻只好冒险舍弃。

二、逼牌的要领

为了使逼牌的效果更好，在逼牌时，需要注意三个方面的问题。

（一）要有逼牌的意识

有的牌不采用逼的办法很难被人舍出来，因此，如果我们需要某些数牌，当可以用逼牌技巧时，就要有意识地运用这一技巧。

我们经常会遇到本来不需要碰牌或杠牌的情况，但如果为了逼出其联络牌，就可以故意碰杠。比如，数牌中有一个对子，其邻牌或隔牌是自己想要的牌，那么，在可碰可不碰时，要专门碰这个对子。碰出这个对子后，他人看到其邻牌和隔牌的联络能力变差，很可能会因此而舍出其邻牌和隔牌，为我所用。例如：

A1	A2	A3	东	东	东	二万	三万	五万	五万	六万	七万	八万

这手牌，已经入听，待牌是二三万搭子形成的两边上一四万。有人舍出五万后，本来自己不用碰牌的，但为了逼出五万的邻牌四万，要故意碰出五万，之后，舍安全牌东风。这样做虽然待牌仍为一四万，但由于五万碰出，他人舍出四万的可能性会变得很大。

有时，为了达到逼牌的目的，还可能需要付出亏牌的代价。例如：

A 1	A 2	A 3	B 1	B 2	B 3	六饼	六饼	四万	五万	八条	九条	九条	西

这手牌，按牌理，我应该舍西风。但当时，八条海内已见2张，为了逼下来九条，这时可以舍出八条。舍八条少了七条的待牌，明显亏牌。但是，由于八条已经舍出了三张，手中有九条的人往往会很快舍出，甚至有夹八条搭子的人，也会因为看到八条已经舍出三张而忍不住拆舍七九条，让我碰出九条。

（二）要连续舍待牌的联络牌，以起到强化印象的作用

大量舍我想要的牌的联络牌的目的是为了给别人看的，因此，只有别人的印象深刻了，才能充分起到促使其舍出我想要的牌的作用。为了强化他人的印象，在舍牌时，要注意连续舍我想要的牌的联络牌。

实战中，如果他人舍出了我想要的牌的联络牌，我还可以借机接着舍出，以起到强化印象的作用。例如：

A 1	A 2	A 3	B 1	B 2	B 3	九万	九万	一饼	一饼	二饼	四饼	五饼

当巡，对家舍出了三饼，上家舍出了二饼，这时，无论我

揭进什么牌，都可以跟着上家舍出二饼，以使别人觉得一饼的联络能力很低，从而逼迫别人舍出一饼，供我碰牌。

（三）用内侧牌逼外侧牌的效果更好

逼牌时，如果所逼的牌是中张牌，如果能用它两边所有的联络牌逼，效果最好，这样会使所逼的牌处于孤家寡人的状态，当这张牌无牌联络时，它就与字牌无异了。但很多时候，逼牌时只能舍一侧的牌。当只能用一侧的牌逼牌时，是用外侧牌逼内侧牌效果好呢？还是用内侧牌逼外侧牌效果好？下面我们分析一下。

组牌时，数牌需要联络。由于数牌序列有边界，不能循环联络，因此，两侧的牌更需要向内侧联络。幺九牌必须向内侧联络；二八牌，其外侧只有 1 种联络牌，其内侧有 2 种联络牌；三七牌和四六牌，虽然其外侧有 2 种或 3 种牌，但是，其内侧方向的牌更多。这一牌理告诉我们，用内侧牌逼外侧牌的效果要比用外侧牌逼内侧牌的效果好。这样，我们在逼牌时，如果可以选择，就要注意尽量用舍内侧牌逼外侧牌的办法。这主要体现在两种情况下。

一是，在同一牌群中，当既可以舍待牌的外侧牌，又可以舍待牌的内侧牌时，宜舍其内侧牌。比如，在一二四万中选择舍一张牌，求三万，为了逼出三万，舍四万比舍一万的效果要好。再如，在六八八九饼中选择舍一张牌，为了逼出八饼或七饼，舍六饼比舍九饼的效果要好。

二是，如果从两个牌群中选择，宜选择可舍内侧牌的牌群，从中舍出待牌的内侧牌。比如，若在两个搭子相同但对子不同的对搭组合中选择舍出一个贴张，为了逼碰对子，要舍更靠近内侧的单牌。例如：

A1	A2	A3	B1	B2	B3	七饼	八饼	八饼	七万	七万	八万	三条	四条

这手牌，按照通常打法，应该从七八八饼和七七八万中选一个贴张舍出。那么，应该舍七饼呢，还是应该舍八万？因为七饼是八饼的内侧牌，舍七饼逼八饼的作用较大；八万是七万的外侧牌，舍八万逼七万的作用较小，所以，一般情况下，应该舍七饼。

第八章 防炮技巧

打麻将时，如果牌手只顾自己进攻，不注意防御，那就容易给敌供牌放炮，或使敌得到其他利益。牌手必须明白：进攻与防御相反相成，二者皆不可偏废，善于进攻的同时，还须掌握好防御的技巧。

防御时，有三个层次，一是防给敌放炮，二是控制敌得利，三是破坏敌牌。其中，防给敌放炮水平的高低直接关系到甚至直接决定了一盘的胜负，是最关键的防御技巧。防炮成功，敌只有靠食和别人的牌或自摸才能赢牌。敌食和别人的牌时，我不输。虽然敌自摸了我要输，但是，敌自摸的概率相对很小。而且，我在进攻时，只有防炮成功，才可能赢牌。可以说，善于防炮，不但会少输，而且还会多赢。我们也发现，在实战中，放炮少的人往往是赢家，甚至会赢很多，即使因为种种原因打输了，也不会输太多。所以，牌手必须掌握好防炮的技巧，力争少给敌人放炮。

打麻将时，尤其是在一盘的前期，牌手多会把主要精力放在进攻上，而不大重视防敌。有的进攻型牌手只想着进攻，想不到防敌。还有的牌手因为进牌顺利而忘记了防敌。这些只顾进攻、不顾防敌的顾此失彼打法很容易给敌放炮。实战中，因为不重视、没想到、忘记了防敌而导致给敌放炮的情况屡见不鲜，不胜枚举。所以，打麻将时，牌手要有防炮的意识，要高度重视防炮的问题，要时时防止给敌放炮。

给敌放炮，必须满足两个客观条件：一是，敌已经听牌；二是，我舍出去的牌是敌人的待牌。打麻将时，只有听牌后才能食和，没有听牌无法食和。如果敌未听牌，他根本没有能力食和，我舍任何牌都不会放炮。所以，从防炮的角度讲，没有听牌的敌人并不可怕，只有听牌的敌人才可怕，我们要防的敌人就是已经听牌的敌人。敌人听牌后，只能食和其待牌，其他牌无法食和。如果敌已听牌，但我舍出的牌不是其待牌，那我也不会放炮。所以，从防炮的角度讲，不是敌人的待牌并不危险，只有是敌人的待牌才危险，我们要防的牌就是敌人的待牌。从主观方面看，牌手要做到不给敌放炮，就要知道哪些敌人已经听牌，什么牌是听牌之敌的待牌。而敌人有没有听牌，听的是什么牌，他们不会直接告诉我，需要我根据有关情况进行判断，因此，准确地判断出什么人已经听牌，什么牌是听牌之敌的待牌，是防炮的前提。要判断敌人是否听牌，听牌后的待牌是什么，要用到猜牌的技巧，可以说，防炮的准确程度直接依赖于猜牌水平的高低。所以，为了提高防炮能力，必先提高猜牌水平，牌手须在猜牌技巧上多下工夫。

　　实战中，由于判断敌是否已经听牌常常不会非常准确，因此，如果判断一种牌危险，既有可能是敌听牌后要食和的待牌，也有可能是敌未听牌前要吃、碰、杠的待牌。防敌时，由于不能判断得非常准确，有时出发点是为了防给敌放炮，实际上却成了防给敌供牌。防给敌供牌和防给敌放炮的道理和打法是一样的。本章主要讲的是防给敌放炮的技巧，其基本道理和打法也适用于防给敌供牌，牌手要注意融会贯通。

第一节 防炮的原则

防炮直接关系到一盘的成败，为了防好敌人，尽量避免损失，防炮时应该坚持以下原则。

一、有重点

打麻将时，其他三家都是自己的敌人，如果有能力，对所有的敌人都要防备。但是，由于手牌的限制，精力的不足，要防备所有的敌人，困难往往较大，因此，防炮时，要分清重点防谁，主要防谁。

在很多情况下，三家食和我的炮牌后，得分的大小往往不会相同，很可能有的人得分高，有的人得分低。同样是放炮，给得分高的人放炮我失分较多，给得分低的人放炮我失分较少。"两害相权取其轻"，防炮时，虽然也要防得分低的敌人，但得分高的敌人对自己的危害更大，因此，如果必须给其中一个人放炮，那么，宁愿给得分低的人放炮，也不愿给得分高的人放炮。牌手要切记：得分最高的敌人是最危险最可怕的敌人，是必须牢牢重点防备的敌人，在防炮时，我们要把主要精力花在该敌身上。

坚持有重点的防炮原则，在处理危险牌时，就要评估该牌对得分不同敌人的危险程度。第一，要看放炮给谁失分最多，放炮给谁失分最少，如果必须冒着危险舍一张牌，那宁可给得分低的人放炮，也不要给得分高的人放炮。即，如果必须在两张同样危险的牌中选择一张舍出，那就宁可舍出对得分高的人更安全的牌。第二，在决策进攻还是防守时，要看舍出去的危险牌会不会给得分高的人放炮。如果要舍的牌给得分高的人放炮的可能性较大，那就应该防守，确保安全；如果要舍的牌给得分高的人放炮的可能性小，那就可以进攻，冒险舍牌。

二、分阶段

在牌局的不同阶段，放炮的可能性大小不同，相应地，防炮的必要程度也就不同。一般情况下，在一盘的早期，放炮的可能性小，随着牌局的不断推进，中后场以后，放炮的可能性会越来越大。由于在不同阶段防炮的必要程度不同，因此，牌手要根据所处的不同阶段确定防炮的警惕等级，并采取相应的打法。

第一，在牌局早期，敌听牌的可能性小，这时候舍生牌，往往敌未听，不能食和；在牌局后场，敌听牌的可能性大，这时候舍生牌，敌往往已经听牌，能够食和。

第二，在牌局早期，即使有的对手已经听牌，但一般情况下，我对其牌情的猜测不会很准确，要防也防不住，防不住就不如不防；在牌局后场，很多情况下，我对敌之牌情都会有一定的判断，有时可猜测得八九不离十，这时防住的可能性大，因此，就应当有针对性地防敌。

第三，在牌局早期，海里出现的熟牌少，相对来说，我手中的生张较多，若敌之待牌是生张，也只是众多生张中的极少部分，我既不可能为了防敌把所有的生张都留在手中，而且，舍生张放炮的概率也很小，所以，既然没有办法把生张全部都留下，舍出去放炮的概率又小，那就不如以自己进攻为主，大胆舍生张；在牌局后场，海里出现的熟张越来越多，相对来说，我手中的生张较少，如果为了防敌留生张，一般情况下都会有熟张可舍，能够把生张留在手中。

第四，在牌局早期，有的人即使听牌，也可能会因为想自摸而放弃食和，这时候闯牌，他有可能不要；如果在牌局后场，即使听口很好的人，也很少会放弃食和的机会，一旦你舍出了他的待牌，他必然会抓住机会食和的。

总之，在一盘中，放炮的可能性随着行牌的不断推进变得越来越大，防炮变得越来越重要，因此，在一盘的前期，尤其是开局阶段，舍牌可以适当大胆一些；从中局开始，舍牌要越来越慎重；到了一盘的后期，尤其是残局阶段，舍牌要非常谨慎。

三、不冒险

放炮意味着一盘的结束，并且自己要失分，如果自己舍出去的牌放炮了，那么，无论自己手牌是好是坏，都会全部作废，再好的牌，也和最差的牌一样没有用处了。因此，如果能断定或基本能断定某牌是高度危险的放炮牌，就必须当机立断，坚决留住。哪怕使自己的牌姿后退一步，也不能因为觉得手牌很好而抱着侥幸心理冒极大的危险舍牌。牌手应该明白：危险牌一出，当盘极可能就会因为自己放炮失分而结束，一切都完了，根本谈不上和牌，那样，无论手牌有多好，都没有任何意义了。所以，如果想舍的牌非常危险，那么，就不要舍它。

实战中，很多人常常因为觉得自己的牌姿不错，不想放弃进攻的机会，不会以退为进、迂回取胜而冒险舍出危险牌，抱着侥幸的心理，执意舍出，结果给敌点炮，当盘以自己的失败而结束。这样的打法常常会输得很多。我们在牌场上常见高手遇到这种情况时，总是宁可使自己的牌姿倒退一步，也要留住高度危险的牌，尽力躲避放炮的灾难，最终使自己化险为夷。

所以，牌手遇到按进攻的打法应该舍高度危险牌的情况时，尤其是判断某牌必定或极有可能会给敌放炮时，宁可使牌姿变差退步，也要把该牌死扣在手中，不能冒大险舍出。

四、更安全

有时，可选舍的若干牌的安全程度看似相当，但仍有一定差异，这种情况下，牌手要认真深入鉴别它们的安全程度，舍更安全的牌。

当两张牌都比较安全时，要舍安全程度更大的牌。实战中，常常会出现这种情况：可舍的两张牌都是熟牌，都比较安全，但其中一张更加安全，甚至绝对不会放炮。这种情况下，就要舍更安全的牌。打麻将时，牌情发展变化很快，一入听的牌，进来一张待牌就能入听；入听后，上来某些牌，还可以改听。另外，一些牌手在听牌后为了求自摸，还会放弃一定的食和机会。这样，有的牌甚至近熟牌就有可能虽然在前面甚至前一巡没有放炮，但却在后面甚至后一巡会放炮。所以，当两种牌都比较安全时，要舍更安全甚至绝对安全的牌。比如，当巡，对家舍出了一万，上家舍出了五条，如果我要在一万和五条之间选择舍牌，在防炮时，就应该舍五条。因为上家刚刚舍

第八章　防炮技巧

出五条，我跟出五条，谁也没有办法食和；而一万是对家舍出的，上家有可能在揭牌前尚未听牌，现在刚刚入听；或者在揭牌前听的是其他牌，现在改听了；也有可能上家在揭牌前已经听牌，但由于想自摸而放弃了食和，现在想食和了，这样，我舍出一万，上家就有可能会食和。

当两张牌都比较危险时，要舍危险程度更小的牌。实战中，进攻时，有时需要在两张都比较危险的牌中选一张舍出；防敌时，有时会因为无牌可跟，也需要从比较危险的一些牌中选一张舍出。如果比较危险的牌中，有一张牌的危险更小一些，甚至只是稍小一点，那么，就要舍危险更小的牌。打麻将时，牌手往往能够根据牌情判断出某牌敌在什么情况下会和，在什么情况下不会和，因此，当可选舍的牌都比较危险时，要找出敌在更多的情况下不会和的一张牌，以降低放炮的概率。有时，就是因为按照这一原则舍牌，真的避免了放炮。比如，后场时，手中有一张生字牌和一张生数牌，要从中选舍一张，应该舍哪张？虽然两张牌都有可能放炮，但是，对生字牌来说，敌只可能听单钓或对倒；而对生数牌来说，敌既可听搭子上，也可听钓将，还可听对倒，所以，宁可舍生字牌，而不能舍生数牌。

实战中，有的牌手没有注意到更安全的原则，在舍牌时，既有可能在有安全牌可舍时比较随意地舍出一张熟牌，也有可能在无安全牌可舍时比较随着地舍出一张生牌，等别人食和后，才发现手中其实还有更安全的牌可舍，这时，牌手往往会后悔自己没有舍那张更安全的牌，但后悔却来不及了。

总之，防炮时，如果要在安全程度相当的若干牌中选择舍出一张，牌手要本着更安全的原则，舍敌要上可能性最小的牌。

五、大范围

在两三家敌人可能都听牌的情况下,防炮时,可能会顾此失彼,不能防备住所有的敌人。这种情况下,决策舍牌时,要争取防炮的范围更大一些,要以防更多的敌人为原则。

遵循大范围的防炮原则,在舍牌时,就要尽量选对三家都安全的牌舍;如果不能保证某牌对三家都安全,那就选择对两家都安全的牌舍;如果连对两家都安全的牌也选不出来,那至少也应该选择对一家安全的牌舍。比如,三万和七条两种牌,都比较危险,但估计三万上家和下家都不要,而七条可能上家不要,下家要不要不能肯定,这种情况下,就宜舍三万。

六、尽可能

在牌局中后场,有时手中会有一张危险牌,如果听牌,就要舍出这张危险牌。但是,这张牌已经很危险了,不存在趁早舍出的问题,这种情况下,就要迟舍,尽可能防更长的时间。这样做对自己最有利。

第一,如果有人舍出危险牌使他人和牌而导致牌局结束,那么,我由于没有放炮,不失分。

第二,随着牌情的发展变化,曾经觉得危险的牌有可能到后面能判断出其不再危险,可以当成安全牌舍出去。比如,后面有人舍出了这种牌或其相邻的筋线牌,但没有人食和,那就能证明这种牌安全或比较安全。再如,这种牌的联络牌出现了多张，有时也能证明这张牌安全或比较安全。当后面能判断出这张牌并不危险甚至很安全时再舍出，就不会给敌放炮或不会给敌放炮的可能性很大。

第三，前面的危险牌到后面有可能会变成安全牌。有的人听牌后看到没有人舍出其待牌，可能会改听，或者到残局时弃听，那时，这张牌就变成了安全牌，我就可以舍出了。

第四，即使危险牌不会放炮，但会给别人供牌，迟舍也对敌不利、对我有利，而早舍会对敌有利、对我不利。危险的牌，既可能给敌放炮，也可能给敌供牌。即使我认为危险的牌不是别人能食和的牌而是别人能要的牌，也要迟舍。因为，我不舍出这张牌，别人就可能会因为要不上它而听不了牌；我舍出这张牌，别人就可能会因为要它而听牌。如果迟舍，比如等我听牌时再舍，那时，虽然别人要它后会听牌，但我也已经听牌了，能与敌竞争和牌，不至于吃亏。而且，打牌时往往还存在这样的情况：有人想碰，但因为等不到牌而拆了；或者下家欲吃，但因为等不到牌而拆了，等敌拆牌后我再舍出，还不会给敌供牌。

有时，手中的生牌过多，牌手会觉得即使这一巡能舍出安全牌，下一巡也无安全牌可舍。这种情况下，仍然要坚决坚持尽可能的原则，能防一巡算一巡，能安全一步算一步，而不能抱着反正要舍危险牌的心理冒险早舍危险牌。实战中，常常有可能这一巡自己防得好，没有放炮，下一巡情况就发生了变化。比如，下一巡有人闯出了生张牌，自己又可以跟一步安全牌了。或者，下一巡时，有人放炮了，牌局结束，自己完成了防备任务。甚至有时，在下一巡，有人因为运气好而自摸了，虽然敌自摸我也会输分，但那是运气因素造成的，自己没有办法，当然，那时，也就不用再防炮了。

所以，在危险的时候，牌手要本着尽可能的原则，能防一步,就防一步,步步为营,牢牢防备。

第二节 防炮的打法

进攻和防御的打法不同,为了尽量不给敌放炮,打麻将时,牌手要掌握防炮的基本打法和防炮的具体技巧。

一、防炮的基本打法

防炮时,要坚持以下基本打法。

(一) 留住危险牌

危险牌即敌人食和可能性大的牌。为了不给敌放炮,牌手要把危险牌留在手中,不舍出去,使敌无炮可食,因此,留住危险牌是防炮最有效的打法。

实战中,许多高手在手中有危险牌时,宁可退听,也不舍出,以确保不放炮,他们采取的就是这个打法。

需要注意的是,留住危险牌并不等于完全放弃进攻,有时,危险牌还可以靠牌成为组坯,进一步成为牌组。实战中,留住危险牌并靠牌转为进攻,最终成和甚至成大和的情况常常发生。

(二) 跟 牌

防炮时,手中留住危险牌固然不会给敌放炮,但是,手中留的危险牌越多,自己机动的余地越小,这必然会影响进攻,所以,留危险牌并不是最好的办法,最好的办法是适时舍出对自己进攻无用的牌,这就要用到跟牌的技巧。

跟牌就是跟着别人舍出的牌舍。别人舍出牌后,如果没有人食和,也没有人弃和,那就说明这种牌是安全的,因此,自己跟着别人舍牌,就既不会放炮,也不会使手中留的危险牌过多。

跟牌包括跟同牌和跟筋线牌两种。跟同牌当然是安全的。跟筋线牌时,牌手要注意下面的问题。筋心牌安全,筋袖牌安全的可能性相对较大。因为,从两边搭子听两边上和四连牌听两头钓将的角度讲,筋心牌安全,筋袖牌必定安全。比如,四安全,他人的待牌组合肯定不是二三搭子和五六搭子形成的两边上,也肯定不是一二三四和四五六七形成的两头钓将,如此看来,一和七就是安全的。当然,如果他人求夹张、边张、单钓或对倒,筋心牌安全也不能说明筋袖牌安全。筋袖牌安全,另外的两个筋线牌安全的可能性相对较小。因为,除过他人求夹张、边张、单钓或对倒的情况外,还有可能他人有一个待牌是另外两种筋线牌的两边搭子或四连牌。比如,八安全,但有可能他人手中有三四搭子形成的两边上或二三四五形成的两头钓将,其待牌正是八的筋线牌二五。

在跟牌时,须手要注意一个重要问题:熟张不等于安全张。由于种种原因,熟张可能也不安全。熟张不安全的情况通常有以下几种:一是,可能有人弃和。二是,前面舍熟张时有人可能还没有听牌,或其待牌是别的牌,不能食和,但你跟牌时他已经听牌了,或改听了,能食和了,所谓"隔巡如生张,旧安变新危"说的就是这个道理。而且,由于熟张相对安全,因此,很多牌手会专门利用这个牌理,反其道而行之,故意听熟张,甚至把待其他牌改听成待熟牌。所以,熟张不等于安全张，牌手不要对熟张过于信任。当然，虽然熟张并不等于安全张，但是，如果判断不清楚情况，与生张牌相比，还是熟张牌更安全一些。

那么，如何更好地运用跟牌的技巧，使放炮的危险降到最低呢？我认为，跟牌时，牌手要注意以下两点：

第一，要紧跟。打麻将时，牌情变化很快，一入听时，上一张恰当的牌就能听牌，所以，如果不紧跟，后面跟牌时，有可能他人刚刚入听，正好给人放炮。而且，有些高手在听牌时会专门听熟张牌，甚至会听末张，这种情况下后面跟熟牌放炮的可能性会更大。所谓"先熟后不熟，隔巡如生张"，讲的就是这个道理。另外，打麻将时，有的人为了追求自摸可能会在前面弃和。前面弃和的人，当巡不能食和；也有可能他觉得时机还早，想继续弃和，因此，早跟牌是安全的；当巡之后，前面曾经弃和的人能食和；而且，随着牌情的发展，如果他觉得形势已经危机，会放弃专求自摸的想法，不再弃和，因此，后跟牌就危险了。所以，跟牌时，为安全起见，最好能紧跟。尤其在牌局后场，更要防远熟牌和近熟牌，在有现熟牌的情况下，跟现熟牌最保险。

第二，要先跟最危险的牌。当两种牌的安危程度相同时，要先跟最危险的牌，留下相对更安全的牌。相对更安全的牌后面再舍，风险会较小。比如，刚刚有人舍过九万和东风，我手中的九万和东风都是孤张，这种情况下，我应该先跟哪张牌呢？当前九万和东风都是安全牌，跟哪张都不会放炮，但是，随着牌局的发展，九万在后面成为别人待牌的可能性较大，东风成为别人待牌的可能性较小。先跟九万，后面有危险时再舍东风，比较安全。先跟东风，后面舍九万时，危险较大。因此，应当先跟九万，留下东风。

二、防炮的具体技巧

防炮时，牌手经常会遇到一些具体问题，能否处理好这些问题，往往关系到防炮的成败。下面是实战中经常遇到的一些问题，在处理这些问题时，牌手要注意相应的具体技巧。

（一）选拆搭子时，要注意行牌阶段

打牌时，经常会遇到多余一个搭子的情况，如果需要拆舍一个搭子，从防御的角度讲，应该怎么取舍呢？我认为，在牌局早期，应该留下相对安全的牌；在牌局晚期，应该留下相对危险的牌。例如：

A 1	A 2	A 3	B 1	B 2	B 3	二条	三条	四饼	六饼	三万	三万	七万	九万

这手牌，必须在四六饼和七九万两个夹张搭子中间选择拆舍一个，从防御的角度讲，应该拆哪个搭子呢？四六饼都是中心牌，两种牌在后场放炮的可能性皆大，七九万中有一个边张，放炮的可能性小。所以，如果在牌局早期，应该拆四六饼；如果在牌局后期，应该拆七九万。牌局早期拆掉四六饼，他人尚未听牌的可能性大，当时不会放炮，也能避免后面拆舍时放炮；牌局后期拆掉四六饼，他人听牌的可能性很大，拆掉四六饼有立即放炮的危险。七九万相对安全一些，后期拆它放炮的可能性会小一点。

（二）拆搭子或舍其他两张牌时，要先舍敌碰进可能性小的那张牌

牌手在拆搭子时，有时会发生这种情况：舍出第一张牌后，有人碰进入听。下巡，舍出所拆搭子的第二张牌时，刚才碰牌的人食和。这对拆搭子的人来说，是非常糟糕的一种情况。

为了避免出现他人碰我第一张牌入听，食和我第二张牌的糟糕情况，在拆搭子时，要先舍他人碰进可能性小的那张牌。具体地说，要按下面两条原则安排舍牌顺序。第一，当搭子中的两张牌生熟程度有别时，要先舍更熟的牌。因为越熟的牌，他人碰进的可能性越小。第二，如果搭子中的两张牌都是生牌，那么，就宜先舍联络能力强的牌。联络能力越强的牌，他人碰进的可能性越小。实战中，有的人在拆边搭子时不知道应该按什么顺序舍牌，掌握了这两条原则，在防炮时，就很好处理了。如果两张牌一生一熟，就先舍熟牌，后舍生张；如果两张牌都不熟，一般情况下，幺九比二八更容易被人碰进，这时，就应该先舍二八，后舍幺九。否则，先舍幺九，如果有人碰幺九后听牌，待牌包括二八，那我后舍二八时别人就能食和了。例如：我想拆一二万搭子，他人手中有一一三四万，碰一万就能入听。如果我先舍一万，他人碰进一万后听牌，待牌包括二万，我后舍二万时，就会放炮。如果我先舍二万，他人尚未听牌，不能食和，后面我舍一万时，虽然他人碰进一万听牌，待牌包括二万，但我二万已经舍出，不存在放炮的问题了。

不是拆搭子，而是舍别的两张牌时，也要注意舍牌顺序，

第八章 防炮技巧

以避免他人碰我第一张牌入听,接着和我第二张牌。当两张牌有生熟之分时,要先舍熟张,后舍生张;当两张牌都是生张时,宜先舍中张牌,后舍边张和字牌。一入听时,很多情况下,牌手需要碰牌入听。而牌手需要碰的牌,多为边张和字牌。先舍字牌幺九,他人很可能碰听,如果他人碰听后的待牌正好包括我要舍的中张牌,那我舍中张牌时,他人就可以食和。为了避免出现这种糟糕情况,就应该先舍中张牌,后舍字牌幺九。先舍中张牌,他人尚未听牌,不能食和,后舍字牌幺九,虽然他人能碰听牌,但我的中张牌已经舍出,不存在放炮的问题了。例如:

| 三万 | 四万 | 五万 | 二饼 | 三饼 | 六饼 | 七饼 | 八饼 | 二条 | 四条 | 五条 | 西 | 西 | 发 |

此牌,二条和绿发都是多余的牌,如果两张都是生牌,宜先舍二条,后舍绿发。因为,有可能某位对手的牌是:

| A1 | A2 | A3 | B1 | B2 | B3 | 九饼 | 九饼 | 三条 | 四条 | 发 | 发 | 中 |

敌人是这种牌,如果我先舍绿发,他碰牌后听牌,待牌为二五条,后面我再舍二条时,就正好给他点炮。如果我先舍二条,后面再舍绿发,即使他碰绿发后听二五条,但我已经舍出了二条,不存在放炮的问题了。

(三)要牌后,尤其是碰牌后的舍牌技巧

牌手在听牌时,舍出的牌有可能是从牌群中拆出来的,但

231

他需要的待牌正是所舍牌的联络牌。这一情况启示我们，为了避免碰牌后立即给人放炮，当自己从对搭组合中碰出对子后，如果还有其他牌可舍，尤其是自己尚未听牌时，可以考虑暂不舍出对搭组合中的单牌。如果他人确实是求我碰出的对搭组合中的单牌，而我碰牌后暂不舍出，后面有可能情况会发生变化，能避免我的这张牌放炮。

敌求我碰出牌的联络牌时，我暂不舍出，很可能其他人看到这种牌的联络能力变弱，先于我舍出，那时，如果敌食和，牌局结束，我未放炮；如果敌不食和，更好，我可以安全跟出。或者，敌本来求我碰出牌的联络牌，但看到无人舍出，有可能会改变听口内容，不再求我对搭组合中的单牌，那时我再舍出，也不会放炮。例如：我的小万子牌是一二二万，敌牌是：

A1	A2	A3	B1	B2	B3	C1	C2	C3	D	D	一万	一万	二万

或者：

A1	A2	A3	B1	B2	B3	C1	C2	C3	D	D	二万	二万	三万

或者：

A1	A2	A3	B1	B2	B3	C1	C2	C3	D1	D2	D3	一万	二万

这三种情况下，敌舍出二万听牌，其待牌都包括一万。如果我碰二万后立即舍出一万，敌就可以立即食和。所以，我碰

进敌舍出的二万后，可以暂不舍一万。在第一二种情况下，我暂不舍一万，有可能其他人看到我已碰出二万，觉得一万的联络能力太弱，先于我舍出，给敌放炮，那样，我未放炮失分。在第三种情况下，敌看到二万已经碰出，但却无人舍出一万，可能会怀疑一万被人拿成对子或坎子了，如果他觉得听一万和牌无望，很可能会改听单钓其他牌，当然，如果他揭上来了其他模子的相关牌，也往往会改听成其他牌，那时我再舍出，也不会放炮。

同样的道理，在杠牌或吃牌后，也要注意暂时先留下相关牌，以防要牌后立即给敌放炮。

（四）不能断定一些牌是否安全时，尽量拆同牌或筋线牌

在情况危机时，如果我手中的一些牌都很危险，我必须冒险舍牌，那么，就要尽量拆舍同牌或筋线牌。因为舍出的危险牌种类越多，放炮的可能性越大，而同牌或筋线牌一旦敌人不要，就说明它们是安全的，后面再舍也不会放炮或放炮的可能性很小，所以，如果需要舍一些危险牌，就应该尽量舍同牌或筋线牌。

在实战中，牌手经常会遇到这种情况：需要拆一个组坯，但所有的组坯都很危险。这种情况下，当既可以拆对子，也可以拆搭子时，就应该拆对子。因为，虽然组成搭子的两张牌和对子都很危险，但对子是同牌，一旦闯牌成功，下次还能接着再舍。而如果拆搭子，是两种牌，敌人的待牌只要包括其中的一种，就会给敌放炮。所以，拆搭子闯牌成功的概率小，拆对子闯牌成功的概率大。

（五）相同情况下，舍偏张牌比舍中心牌更安全；偏张牌中，舍幺九比舍二八更安全

中心牌与偏张牌相比较，中心牌的联络牌多，其联络牌形成搭子、待牌为中心牌的可能性相对较大；偏张牌的联络牌少，其联络牌形成搭子、待牌为偏张牌的可能性相对较小，因此，相同情况下，偏张牌比中心牌更安全。偏张牌中，二八的联络牌多，二八的联络牌形成搭子、求二八的可能性相对较大；幺九的联络牌少，幺九的联络牌形成搭子、求幺九的可能性相对较小，因此，相同情况下，幺九比二八更安全。例如：

A1	A2	A3	B1	B2	B3	四万	五万	一饼	三饼	三饼	二条	四条	四条

这手牌，按牌理，应该在一饼和二条之间选择舍出一张，这两张牌相比较，舍一饼更安全一些。我们分析一下：如果他人听的是钓将或对倒，一饼和二条是同样安全、同样危险的；如果他人用搭子求一饼或二条，情况就有所不同了。当他人求和一饼时，必须有三饼，但是，我手中已经有 2 张三饼，因此，他人求和一饼的可能性很小。当他人求和二条时，虽然我手中有 2 张四条，但是，他人还可以用一三条求和夹二条。因此，根据我手中的牌判断，一饼比二条更安全。

（六）敌单钓时如何防炮

有时，可以判断出敌在单钓或单钓的可能性很大。在敌单

钓时，如何更好地防止给敌放炮呢？一般情况下，联络能力越低的牌，大家越容易舍出来，因此，牌手多会选择单钓联络能力低的牌。这样，我们在防敌单钓时，就须高度防备生张或熟牌字牌幺九以及联络牌出现很多的中张数牌。

第三节　防炮的谋划

"人无远虑，必有近忧。"打麻将时，如果不预先做好防炮的准备，可能到后面会左右为难，无所适从，甚至力不从心，无牌可舍。为了避免被动，争取主动，防炮时，我们一定要做好预先的谋划。

一、早舍危险张，预留安全牌

实战中，常常会出现以下两种情况。一是，情势危机时，牌手虽然知道必须防给敌放炮，但是，觉得手中哪张牌都很危险，感到无安全牌可舍。二是，很多情况下，听牌时会放炮。为什么会出现这两种情况呢？那多是因为牌手没有早早舍出危险张，同时没有注意在手中预留下安全牌。

为了避免牌局后期舍危险牌放炮，牌手要注意在早期预先舍出相对更加危险的牌。在早期，当要从两种牌中决策舍出一张，留下一张时，在不影响或基本不影响进攻的情况下，应该先舍危险程度高的牌，留下安全程度高的牌。实战中，有的人有"惜牌"心理，把用处不大甚至无用的中张好牌一直留在手中，舍不得打，结果到最后被迫舍出时，给别人放了炮。

从两张牌中选择舍一张时，早舍危险牌就意味着留下更安全的牌，但是，牌手还要有主动留安全牌的意识，必要时，可以在手中预留下绝对安全的牌，以备紧急时用。"未雨绸缪"，打麻将时，如果能在手中预留一两张安全牌，当情势危机时，手中有安全牌可舍，就不会为如何防炮发愁了。

预留安全牌是防炮最常用的技巧。在牌局前期甚至早期，牌手要有意识地留个别安全牌，以备形势危机时有安全牌可舍。有些人放炮的次数非常多，甚至很多人在听牌时放炮，虽然其中有客观运气的因素，但如果从主观人为的原因上讲，往往就是因为他们没有掌握这一技巧。

行牌过程中，为了减少放炮次数，尤其是听牌放炮的可能性，在中局甚至开局阶段，牌手就可以有意识地在手中保持一两张安全牌。

很多高手为了避免出现听牌放炮的糟糕情况，常常会在手中留上一张安全的字牌，入听时，他就舍出这张预先留下的字牌，以确保听牌时不会放炮。人们通常所说的"出字听"指的就是这种打法。

需要注意的是，预留安全牌虽然有利于防炮，但常常也会带来一定的弊端。一般而言，安全牌之所以安全，就是因为它没有用处，是废牌。手中长期留着一张废牌，就必须以舍好牌为代价，这在很多情况下会使待牌变窄，对自己进攻不利。所以，在预留安全牌时，牌手要考虑好得与失的关系，把握好攻与守的火候。如果牌姿较差，适宜防守，预留安全牌对手牌的影响不大，就应该预留；但如果牌姿较好，牌手在以进攻为主，或者攻守兼顾，那么，就要根据具体情况看是否应该预留安全牌了。我主张，如果危险牌所起的作用较小，就可以预先舍去；如果所起的作用较大，那还是不要舍去的为好。比如下面两例：

A1	A2	A3	B1	B2	B3	七条	八条	二万	四万	六万	东	东	南

这手牌，假如五万海内已见 3 张，六万起的作用较小，就可以趁机舍出六万，留下安全牌南风，以避免六万在后面放炮。

A1	A2	A3	B1	B2	B3	七条	八条	二万	二万	三万	东	东	南

这手牌，无论舍二万还是三万，亏牌都很严重，对自己进攻的影响很大，因此，可以不留安全牌，舍出南风。

二、牌面变化大，机动能力强

打麻将时，手中的倒牌越少、立牌越多，牌的变化就可以越大，牌的机动能力就越强，调整的余地就越宽，舍牌的选择范围就越广。牌面的变化越大，手牌的机动能力越强，防炮就越容易。

为了增强手牌的机动能力，牌手需要在两个方面注意。

一是，在决策是否要牌时，要考虑到要牌会使舍牌的选择范围变小。牌手每要一次牌，就会多一模倒牌，少3张立倒，使舍牌选择的余地缩小，机动的能力变弱，因此，如果从防炮的角度讲，就要少吃少碰少杠。但是，要牌往往会使牌姿有所进展，该要牌时如果放弃，会影响进攻。如何处理这一矛盾呢？我认为，关键看牌手是在进攻还是在防守。如果牌手在以防守为主，或者甚至已经决定放弃进攻了，那么，就不要要牌，以尽可能地不减弱机动能力。如果牌手在以进攻为主，那么，就不能为了扩大舍牌选择范围而放弃要牌，该要牌时必须要。如果牌手在攻防兼备，一般情况下也应该要，只有在可要可不要的时候，或者要牌对进攻的有利程度过小时，才可以放弃不要。

二是，在决策舍什么牌时，要留下能使牌面变化余地更大的牌。有时，两张牌都要舍，但留下其中的一张牌，可使牌面的变化余地更大一些，如果为了防炮，就可以选择留下能使牌面变化余地更大的牌。比如，手中的万子牌是：一二四五万，由于搭子富余，需要拆搭子一二万。一万肯定无人要，二万不确定。这种情况下，应该先舍一万，留下二万。留下二万，如果后面进来三万，万子牌就形成了二三四五万的四连牌，这样的牌选择余地较大，既可以考虑后面听二五万两头钓将，也可以从二五万中选择舍一张牌，甚至还可以重新组织万子牌，使之形成更多的牌组。即使后面不进三万，听牌时，仍然可以在二五万之间选择舍出一张。所以，留下二万，牌面的变化余地较大，选择舍牌的范围更广。

三、安全牌更多，盯牌能长远

很多情况下，防炮都不只是当前一两巡的事。只防一两巡，如果后面放炮，那还是失败。既然防炮是长期的，那最好能防到底。所以，在舍牌时，我们不能只考虑当前应该舍什么牌，还要考虑是否有利于后面防炮。这就要求我们要留下更多的安全牌，采取能长远盯牌的办法打牌。

拆搭子时，如果其中一个搭子的两张牌都是安全牌，另一个搭子只有一张牌是安全牌，那么，就应该拆两张都是安全牌的搭子，这样可以确保能舍两次安全牌。

很多时候，在决策如何听牌时，有两种打法。如果考虑到长期防炮，就应该选择能舍更多安全牌，可以盯更长远的办法打牌。例如：

五饼	六饼	七饼	二万	三万	四万	六万	七万	八万	南	南	七条	九条	九条

这手牌，有两种听牌方法，既可以舍七条，听两对倒南风九条，也可以舍九条，听夹八条。如果七条和九条都是熟张，那么，应该舍哪张牌呢？我认为，为了长期防炮，应该舍九条。舍九条后，如果揭上来危险牌六条或五条，还可以继续舍安全牌九条；而如果舍七条，当后面揭上来危险牌六条或五条时，要听牌的话，就必须舍出所揭的危险牌。

第九章 控制技巧

打麻将时，四位牌手之中，谁的牌姿进展得越快，听牌越早越好，谁和牌的希望就越大。敌我之间的快慢是相对的，敌快我就慢，敌慢我就快，因此，牌手不但要善于进攻，而且还要学会控制敌人，以减慢敌人进攻的速度。牌手在进攻时，如果只顾进攻，全然不顾制约、牵制敌人，那么，有可能自己得利很小，而敌得利很大，使自己手牌进展的速度相对来说慢于敌人，最终导致输牌。当然，防守时，牌手更要注意制约、牵制敌人了。控制是打麻将的重要技巧。俗话说："象棋举步知深浅，麻将控制见高低。"实战中，因为控制不住敌人而遭致失败的战例比比皆是。所以，打麻将时，牌手必须掌握并运用好控制敌人的技巧。

第一节 善制敌人胜算多——控制理论

要掌握并运用好控制技巧，首先要弄明白控制理论。明白了控制理论，牌手在操作时才能做到有的放矢，以尽量小的代价，最大程度地控制住敌人。

一、控制敌人的重大意义

打麻将时,对进攻的牌手而言,大家都在努力使牌姿向前发展,牌姿发展最快的人往往最终能赢牌。反过来可以说,大家都在进攻时,最终谁能赢牌,就看谁进攻的速度更快了。

当大家都在进攻时,敌我进展的快慢是相对的,敌人进展得快,我就相对慢;敌人进展得慢,我就相对快。对每一位牌手来说,其他三家都是敌人,因此,牌手要有这样的认识:任何一家快进一步,都对我不利;任何一家慢进一步,都对我有利。所以,进攻时,牌手一边要努力使自己的牌姿快速进展,一边要尽量减缓其他牌手进展的速度。

减缓敌进展速度最有效的办法就是控制敌人,不使敌得利。控制敌人时,不但能够直接减缓我所控制之敌进展的速度,而且,由于控制敌人常常会发生连锁反应,因此,还能间接控制其他敌人进展的速度。

当然,防守时,牌手自然要一心一意地,尽全力控制敌人。

实战中,对敌人来说,很多时候,某家可能会因为你的控制,甚至稍微加强了一点控制而不能听牌,最终没有赢牌;也会因为你没有控制,甚至稍微放松了一点控制而早早听牌,最终赢了牌。对自己来说,很多时候会因为自己对敌加强了控制,使敌人的牌姿进展慢于自己,最终自己获胜;也会因为自己对敌放松了控制,使敌人的牌姿快于自己,最终自己失败。

总之,控制敌人是克敌制胜的一个重要法宝,它对一盘的输赢常常会起到决定性甚至直接的作用。实战中,因为不懂控制、不会控制而胜负易主的战例常常出现。人们常说:"控制不了敌人，等于自寻死路。"我觉得甚至可以这样说："不会控制敌人，不算会打麻将。"

二、控制敌人的对象选择

打麻将时，对每一位牌手来说，其他三家都是自己的敌人，因此，对任何一家都应该进行控制。但是，无论从控制敌要牌的角度讲，还是从控制敌揭牌的角度讲，牌手都没有能力对其他所有人进行控制，尤其是在自己进攻时。甚至有时，也没有必要对所有人进行过于严格的控制。在一盘，各位敌人获胜的得分多少往往不一，各位敌人牌姿的进展快慢常常不同，所以，控制敌人时，无论是从战略上讲，还是从战术上讲，牌手都不应该对三位对手一视同仁，而应该根据具体情况将三位对手分成一定的等级。有的对手和牌得分多、牌势发展好，对这样的人，必须严格加强控制，限制其要牌，不使其多揭牌；有的对手和牌得分少、牌势发展差，对这样的人，可以适当放松控制。这样，我们可以把需要控制的敌人分成三个等级：对自己威胁最大的敌人，要严格控制；对自己威胁不大的敌人，要适当控制；对自己没有威胁的敌人，可以放松控制甚至不控制。对自己威胁最大的敌人，是得分高而且牌好的人；对自己威胁最小的敌人，是得分低而且牌不好的人。牌手要根据对手对自己威胁的大小程度，决定对其应该控制的等级。

得分高的往往是这三种人：一是庄家。庄家得分多于旁家，而且，庄家具有一定优势，因此，庄家是旁家的首要严控对象。二是做大番的人。在计番的牌局，做大番的人如果和牌，得分很多，因此，对有可能或者基本能肯定在做大番的人，要进行严格控制。三是加注的人。日常游戏中，有的牌局允许加注，如果有人加注，其和牌后得分就多，对这样的人，要进行严格控制。

对手牌势的好坏，可以通过其打牌的情况判断出来。如果某家手牌进展很快，尤其是快要听牌时，就要对其进行严格控制。如果某家手牌进展较慢，就可以适当放松控制。实战中，有的牌手甚至会放弃当盘和牌，对这样的人，当然不必进行任何控制。

需要注意的是，对手的情况是在不断变化着的，因此，无论是在一场游戏还是在一盘游戏中，牌手都要不断分析敌情，对其他三个人的控制等级不断进行评定，并做出相应的调整。

三、控制敌人的主要手段

为了减慢敌牌进展的速度，需要控制敌人得利，那么，如何才能控制敌人得利呢？一般情况下，主要有两种手段。

一是控制敌要牌。不给敌供牌，让敌不能吃牌、碰牌、杠牌。敌不能顺利要牌，进展速度就会减慢。

二是控制敌揭牌。通过舍别人碰杠的牌、不要牌来减少或不增加下家揭牌的次数；通过碰下家或对家的牌减少对家或上家揭牌的次数。敌揭牌的次数越少，进展速度就会越慢。

四、控制敌人的客观条件

控制敌人的主要手段是控制敌要牌和控制敌揭牌，而这两种手段的运用都必须满足一定的客观条件。

企图通过控制敌要牌即不给敌供牌减缓敌牌进展速度时，自己手中要有敌需要的牌。如果你手中根本没有敌需要的牌，无牌可扣，那就谈不上控制敌要牌的问题。

企图通过控制敌揭牌不增加敌揭牌次数时，也需要有相应的客观条件。

想通过供对家或上家碰牌达到减少下家揭牌次数的目的时，需要对家或上家有你舍出牌的对子。如果他们根本没有你舍出牌的对子，碰不了牌，那就谈不上隔空下家、减少其揭牌次数的问题。

想通过不要牌达到不增加下家揭牌次数的目的时，需要别人舍出你能吃、碰、杠的牌。如果他们根本没有舍出你能吃、碰、杠的牌，你要不了牌，那就谈不上不增加下家揭牌次数的问题。

想通过碰杠别人舍出来的牌达到减少舍牌人下家揭牌次数的目的时，需要别人舍出你的对子牌。如果根本没有人舍出你的对子牌，你碰杠不了牌，那就谈不上隔空舍牌的人下家、减少其揭牌次数的问题。

五、控制敌人的连锁反应

打麻将时，经常会发生因一张牌的吃、碰、杠使不止一家受益的连锁反应。

从舍牌与扣牌的角度讲，有时，你舍出一张牌，有人碰杠或下家吃进，接着他舍出一张牌，又有人碰杠或其下家吃进……比如，你舍出了东风，对家碰出；对家因为碰东风进了一张牌，被迫舍出其下家即你的上家求吃的三条。你的上家吃进三条后，又舍出九万，结果，其对家即你的下家碰进九万。有时，甚至在一种牌的附近能产生一系列连锁反应。比如，你手中有二三四四万，下家手中有一三五万，上家手中有一一二万，对家手中有二二三万。你舍出多余的四万后，下家用三五万吃进，舍出多余的一万；之后，你的上家碰出一万，舍出多余的二万；最后，你的对家又碰出二万，舍出多余的三万。这种连锁反应在实战中经常发生，会使不止一家甚至所有人的牌姿都进一两步，可能对自己非常不利。如果你扣住、不舍那张牌，就不会发生这一系列的连锁反应。

从揭牌的角度讲，有时，你碰了一张牌，下家会因此多一次揭牌机会，这不但会打乱揭牌顺序，还可能因为下家多揭了一张牌而引起连锁反应。比如，对家舍牌，你碰出，之后，你的下家揭牌；你的下家揭牌进张，舍出一张牌；其下家即你的对家吃进，之后，他再舍出一张牌……这种连锁反应的起因是你碰牌，有利于你的牌姿进展，但其后发生的一系列反应却对敌有利。如果你不碰那张牌，就不会发生这一系列的连锁反应。

发生连锁反应虽然有巧合的一面，但是，也有其深刻的牌理。因为，打麻将时，水平稍高的人，都知道控制别人的道理。而且，一般情况下，牌手的牌姿越差，会对别人控制得越严。别人受到控制时，由于手牌没有得到进展，不但在客观上能留住更多的可以控制其他人的牌，而且主观上也会对其他人控制得更严。如此一来，你控制住了一家，常常就等于控制住了两家甚至三家，这就是控制的连锁反应。

控制的连锁反应理论告诉我们，有意识地对敌进行控制，不仅能够直接控制一位敌人，而且往往还能够间接控制多位敌人。

六、控制敌人的代价付出

牌手控制敌人时，需要用到自己的牌。由于控制敌人与自己进攻有时不能同时得利，因此，牌手对敌进行控制时，可能会对自己造成一定的损失，即牌手需要付出一定的代价。

首先，扣牌可能会造成亏牌。通过扣牌对敌进行控制时，我手中会因为多出一张无用的牌而受到限制，这常常会亏牌。

其次，我扣他人的牌，如果另外的人供牌，可能会减少我揭牌的机会。比如，我扣住了某家需要碰的牌，另外的人舍出供碰，可能会隔空我。再如，扣住下家对搭组合能吃的牌，如果别人舍出他对搭组合中的对子牌，他碰牌时，就会隔空我。

再次，为了隔空他人或不让他人多揭牌，往往会影响我的牌姿进展。比如，本来该碰的牌，考虑到不让下家多揭牌，我不碰了，这多会直接使我的牌姿进展受到影响。再如，本来不该碰的牌，为了隔空舍牌人的下家，我故意碰出，这有可能会影响我的牌姿进展。

七、控制敌人的效果局限

打麻将时，随机事件很多，牌情变化很大，能够影响牌情的因素极多，因此，控制敌人时，既有可能会起到预期的控制效果，也有可能起不到预期的控制效果。

第九章 控制技巧

　　从客观因素上讲，随机出现的偶然事件可能导致控制效果不佳，甚至事与愿违，反而让控制的敌人得利更多。比如，通过扣牌控制某位敌人时，虽然敌不能从我舍牌上得利，但敌却自己揭上来了待牌，这种情况下，你虽然牺牲了自己的利益，但没有达到控制的效果。再如，通过碰牌控制敌人揭牌时，有可能他这次没有揭上的牌根本不需要，说不定改变揭牌顺序后，反而会让其在后面揭上来更好的牌。

　　从主观因素上讲，打麻将有四位牌手，你一家在对敌进行控制，其他人却不一定会控制，这使你的控制效果也往往难以达到。比如，你扣住了某家要碰的牌，但其他两家没有控制，有一家舍出了你扣的那种牌，你控制的敌人并没有因为你的控制而停滞不前。再如，你在通过碰牌控制上家，减少了上家揭牌的次数，但你的对家却一再碰牌，这又增加了你的上家揭牌的次数，从而使你的控制效果降低了许多。所以，打麻将时，单凭自己一个人很难控制住某一家，更不可能控制住所有的对手，你控制得再好，也绝对不可能左右全场的局势，让牌场上的形势完全按照你自己所设想的发展。

　　另外，扣牌时，牌手不一定会判断得非常准确，甚至还常常会判断错误。比如，中后场时，某种字牌一张未出，这张字牌他人拿对拿坎的可能性较大，但也未必就一定如此。即使有人拿成了对子，也有可能不求碰。这种情况下，如果你为了防止他人碰杠而死扣不舍，有可能对敌人根本不会产生任何影响。

　　总之，控制具有相当大的局限性，甚至有时，自己着力控制某一家，反而可能弄巧成拙，让其得利更多。对此，牌手要有清醒的认识，不可对控制敌人抱太大的希望。

　　明白了这个道理，在打麻将时，我们就要对控制技巧有两点重要认识：第一，由于控制敌人往往很有局限，因此，在进攻时，我们不能为了控制敌人而使自己受损过多，要以对自己有利为主，兼顾控制敌人。第二，虽然控制敌人可能达不到预期效果，但这不能否定控制敌人的重大意义，我们不能因为有这种情况的存在而放松对敌人尤其是对重点之敌的控制。

八、控制敌人的主要原则

控制敌人能减缓敌牌进展的速度，但是，控制敌人往往会给自己造成一定的损失，因此，牌手要把损敌和利己两个方面有机结合起来，坚持以下两条原则。

（一）尽力控制敌人

打麻将时，随着行牌过程的不断推进，各家的牌姿都在不断向前进展，谁的牌姿进展得快，谁胜出的希望就大，因此，要赢得一盘，牌手既要想办法使自己的牌姿尽快得到进展，同时又要想办法尽量减缓敌牌进展的速度。敌牌每慢一步，就等于我牌快了一步，敌牌进展得越慢，对我越有利。

所以，控制敌人的第一个原则就是：尽自己最大的力量控制敌人，最大程度地减缓敌牌进展的速度。

（二）尽量减少损失

对敌进行控制固然可以牵制、制约敌人，减缓敌牌进展的速度，但是，控制敌人是用我的牌进行控制的，因此，在自己进攻时控制敌人，我往往要付出一定的代价。由于控制敌人会给自己带来一定的损失，因此，控制敌人常常会在一定程度上减缓己牌进展的速度。

控制敌人是防御，不如自己进攻成功的收益最大、可靠。"进攻是最好的防御"，因此，打麻将时，只控制敌人肯定不行，这样，牌手就要处理好控制敌人与自己进攻的关系，不能为了控制对手而不顾一切，得不偿失。实战中，控制敌人时，要进行综合衡量，分析控制行为给自己带来的弊端有多大，根据自己的牌情好坏和攻防战略决策控制的等级。如果自己的牌较差，在以防御为主，那控制得就要严一些，为了控制敌人牺牲的较多也值得。如果自己的牌较好，在以进攻为主，那就不能为了控制别人而使自己牺牲过多，不能因为防御而影响自己的进攻战略。比如，我的下家对我的威胁最大，应该严格控制，我应该注意控制碰牌，以免增加下家揭牌的次数，但如果我的牌势很好，例如碰张就能入听，那么，当有机会碰时，我就应该坚决碰牌。

实战中，有的人以能扣住他人要碰的牌，尤其是要碰的字牌，或者能扣住下家要吃的牌为能事，其结果虽然可能确实控制住了他人，但是，他自己也付出了过大的代价，到最后，虽然某一家甚至某两家因为他的强力控制而没能赢牌，但他自己也没能赢牌，最终使另外两家或一家得了利，赢了牌。俗语说："扣牌不到底"、"死盯不和牌"，其道理就在这里。因此，控制敌人时，要注意不能太过严苛，以免付出的代价过大，得不偿失。

所以，控制敌人的第二个原则就是：付出尽可能小的代价，使自己的损失降到最低。

第二节 敌眼望穿求不得——控制要牌

一入听时,早进关键的一张牌,就能早入听,早入听,就会有很多食和甚至自摸的机会;晚进关键的一张牌,就入听得晚,入听得晚,食和和自摸的机会就都很少;不进关键的一张牌,就不能入听,不能入听,就谈不上和牌。所以,一入听时,能否及时进关键的一张牌,直接决定了能否早听牌,最终决定了牌手能否赢牌。

打麻将时,我们经常会遇到这种情况:一入听时,我吃、碰关键的一张牌,就能入听;或者杠后有一张牌,我揭上来也能入听,但由于没有人给我供牌,结果我一直未能入听,或者听牌很晚。一直没有听牌,就谈不上和牌;听牌太晚,所听的待牌在听牌之前往往会被别人舍出许多,等我听牌后,待牌可能已经无人再舍,使我没有机会食和。

我们反过来思考,如果我在打牌时能扣住敌人急需的一张牌,就等于扼住了敌人的咽喉,使敌进攻受到严重阻碍,甚至让敌有时虽只差一步但始终不能听牌,眼看成功却求之不得,功败垂成。

由于扣牌常常能直接造成敌人的牌姿不能进展,在一入听时不能听牌,并最终导致敌人不能和牌,对遏制敌人起着关键性的作用,因此,扣牌的技巧在防敌时非常重要。

为了达到不给敌供牌的目的,牌手经常会采取盯牌的打法,因此,扣牌与盯牌是相辅相成的。尤其是,人们还特别把盯住下家,不给下家供吃张的打法叫"盯下家",有时也叫"诛下家"。

另外,牌手还要注意一个问题,扣牌时,不只体现在处理孤张上，还体现在拆搭子时。从防敌的角度讲，拆搭子时，要考虑组成搭子的两张牌是不是敌人能吃、碰、杠的牌，最好不要拆能给敌供牌的搭子，更切忌拆出的两张牌都是敌人能要的牌。

一、控制要牌的原则

控制敌要牌通过扣牌实现，扣牌是一种常用技巧，但扣牌往往对自己不利，甚至扣到最后，当被迫舍出时还有可能会成为他人的炮牌，那就更得不偿失了，因此，扣牌时，须把握一定的度。但是，扣牌的度很难把握，到底应该扣到什么程度，处理起来难度极大。我认为，要把握好扣牌的松紧程度，一般情况下，可以参考以下几条原则。

（一）猜得准扣牌要紧，猜不准扣牌要松

扣牌的准确程度依赖猜牌的准确程度，因此，如果能猜准某牌是敌人要的牌，那么，扣住它的意义就非常大，这种情况下，就要扣得紧一些；如果猜不准某牌是敌人要的牌，很可能敌人不需要，那就不必扣得过死，尤其是当扣住这张牌会影响自己进攻时，就应该舍掉它。古牌谱上说"不知不扣，若知必扣"，就是这个道理。

（二）后半盘扣牌要紧，前半盘扣牌要松

在一盘的后半段，形势比较微妙而危险，此时，扣牌的作用非常大，因此，要扣得紧一些。在一盘的前半段尤其是在开

局之初，很多牌根本没有人要，此时，就不必扣得那么紧，可以大胆早舍。

（三）牌差时扣牌要紧，牌好时扣牌要松

如果自己的手牌较差，在战略上是以防守为主，那么，就要以自己不放炮、不供牌并利用一切机会破坏敌牌，减缓他人成牌的速度为目标，这种情况下，就要把该扣的牌扣死，不让敌在成牌的进程中从我这里得到任何好处。实战中，有的牌手的牌虽然很差，但因为在战略上没有做出坚定的决策，因此，总怀着一丝侥幸心理，总想面面俱到，前面还在扣牌，到了后面，看到自己的牌稍有改观，觉得还有一线希望成牌，就改变了主意，把该扣的牌舍了出去，这种打法常常起不到扣牌的作用，甚至会在敌迫切需要吃、碰、杠的关键时刻给敌供牌。因此，当自己牌差时，既然决定了要扣牌，就应该把牌扣死，以达到"我不能和牌，也不让敌和牌"的战略目的。

如果自己的手牌很好，能很快入听，那么，就要以自己成牌为战略目标，这种情况下，为了不影响自己进攻，扣牌就不要太紧，甚至不要扣牌，以免使自己亏牌，得不偿失。而且，如果自己牌好，能够先于敌听牌，那么，即使把敌要的牌早早舍下，使敌得利，但敌牌也没有我牌先入听，我得到的利益要大于敌得到的利益。所以，牌好时，为了不影响自己进攻，扣牌可以适当放松。

（四）对强敌扣牌要紧，对弱敌扣牌要松

强敌牌好，要一张牌后可能就会入听或很快入听，对我构

成的威胁大；弱敌牌差，要牌后可能也难以很快入听，对我构成的威胁小，因此，如果能判断出敌牌的强弱，并能判断出我手中的牌是强敌需要的牌还是弱敌需要的牌，那么，我在扣牌时，就要注意区别对待：对强敌需要的牌，要扣得紧，以延缓强敌听牌的进度；对弱敌需要的牌，可以适当放松，以免影响我进攻的速度。

二、控制要牌的打法

控制敌要牌具体可以分为扣下家求吃的牌、扣他人求碰的牌、求他人求杠的牌三类。

（一）扣下家求吃的牌

扣下家求吃的牌时，首先要判断下家求吃什么。判断下家求吃的待牌时，要注意观察下家的舍牌相及相关表现，分析下家可能求吃什么。这比较容易做到，一般牌手都具有这个能力。同时，还须防有的牌手在通过诱牌勾牌等谋牌技巧来引骗我舍其待吃的牌，这比较难防备，需要牌手具有较高的水平。

为了尽可能扣住下家求吃的牌，在打牌时，牌手要采取下面一些盯牌技巧。

1. 舍下家已拆搭子的待牌

上家拆了搭子后，我再舍其所拆搭子的待牌，下家就不能用已拆的搭子吃牌了。下家拆牌时，虽然也有可能是在用计谋引诱上家的牌，但一般情况下，能用计的情况相对较少，因此，虽然要提防下家的诱骗招术，但如果舍其他牌也很危险时，相比较而言，舍下家已拆搭子的待牌，供吃的可能性要更小一些。

2. 跟着下家舍牌

如果下家舍过某牌，那么，这种牌及其筋线牌相对来说他不要的可能性就很大，因此，跟着下家舍出的牌或其筋线牌舍，往往不会给其供吃。

跟下家舍出的牌相同时，一般情况下家不会吃进。比如，下家舍六条，你也舍六条，他吃进的可能性极小。

如果不能跟着下家舍同牌，跟筋线牌的效果也相当好。比如，下家舍四饼，你没有四饼，但有一七饼，那么，就可以考虑舍一七饼。你舍一饼，他不可能吃进；你舍七饼，他也不可能用两边搭子吃进，最多只可能用夹张或边张搭子吃进。

3. 舍下家早期所舍牌附近的牌

在一盘早期，如果某家舍过一种数牌，往往说明这张数牌是孤牌，不是牌群中的牌，尤其不可能是对搭组合中的一张牌，因此，离这个数牌近的牌，他往往不需要。根据这一情况，在舍牌时，如果不易判断出下家求吃什么，就可以考虑舍下家早期所舍牌附近的牌。比如，下家较早舍出过三万，一般情况下，它不会是从一一三万或一三三万、二三三万或三三四万、三三五万或三五五万中拆出来的，因此，舍离三万最近的牌往往下家不会吃进。

打麻将时，牌手经常会遇到需要从两张相邻的筋线牌中舍出一张的情况。这种情况下如何选择，除考虑生熟牌外，还要注意判断下家吃牌的可能性大小，其主要依据就是看下家舍出过四连牌哪头的联络牌尤其是邻牌。例如，要从四五六七饼中拆一头舍出，是舍四饼还是舍七饼？这要判断哪张牌下家吃进的可能性更大。当下家手中有五六饼搭子时，无论是舍四饼还是七饼，下家都会吃进，因此，我们关键判断下家只能吃进四饼或七饼的可能性大小。如果下家手中的饼子牌是五八八九饼或五八九九饼，那么，他一般不会舍出八饼而会舍出五饼；如果下家手中的饼子牌是三五五八饼或三三五八饼，那么，他一般不会舍出五饼而会舍出八饼。所以，如果下家舍出过五饼而没有舍出过八饼，那么，他吃进四饼的可能性就小，吃进七饼的可能性就大；如果下家舍出过八饼而没有舍出过五饼，那么，他吃进七饼的可能性就小，吃进四饼的可能性就大。同样的道理，如果下家舍出过三饼而没有舍出过六饼，那么，他吃进四饼的可能性就小，吃进七饼的可能性就大；如果下家舍出过六饼而没有舍出过三饼，那么，他吃进七饼的可能性就小，吃进四饼的可能性就大。

4. 舍下家舍牌多的门类

如果下家的牌很难猜准，还可以根据下家舍牌中某门数牌的多少进行大致的判断。下家舍牌时，某一门数牌舍得越多，可能他手中这门数牌越少，甚至没有，是缺门，他吃进的可能性相对就小。比如，下家舍出的饼子牌很多，那么，他手中的饼子牌可能就很少或者甚至是缺门，这样，他吃进饼子牌的可能性就相对比吃进条子、万子牌小一些。

5. 注意慎舍另两家不要的牌

打麻将时，常常会出现这种情况：两家或三家不要的牌，往往是另外两家或一家急切希望得到的。古牌谱上说的"三家不要一家要"指的就是这种情况。

为什么经常会出现上述情况呢？其原因有二。一是，从客观上讲，一种牌四家都不要的情况很少，出现最多的情况是一些人要，一些人不要。因此，按照概率，某两家或三家不要的牌，另外两家或一家需要的可能性就大。其二，从主观上讲，有的人在打牌时，看到别人不要某种牌，为了增加自己吃碰杠和的机会，他会专门朝要这种牌的方向发展，这进一步增大了出现这种情况的概率。

这一现象告诉我们，如果在自己和上两家中，有两三家不要某种牌，那可能下家很需要这种牌，能吃进甚至急需吃进。虽然这种情况不可能每次都出现，但出现的概率是较大的，因此，盯牌时，要高度警惕这一现象，慎防下家求吃两三家不要的牌。

实战中，有的人看到上家或上两家舍出某种牌非常安全，就很随意地跟着舍了出去，结果给下家供吃了一张急需的牌。掌握了这一技巧，在决策舍牌时，就不能只考虑跟牌安全，还要考虑到下家是否能吃，以避免盲目跟牌导致下家吃牌。

6. 无法判断下家求吃什么牌时，要舍联络能力更弱的牌

联络能力越强的牌，其联络牌组成搭子的概率越大，因此，如果无法判断下家求吃什么牌时，一般地，要舍联络能力更弱的牌。例如，一饼和七条相比较，下家求吃一饼时，必须有二三饼搭子；而下家求吃七条时，只要有五六条、六八条、八九条搭子之一，就能吃进，所以，扣下家求吃的牌时，宜舍一饼。

(二) 扣他人求碰的牌

他人能碰的牌，必先成对，因此，扣他人求碰的牌时，关键要善于判断敌牌成对并求碰的可能性大小。

1. 各类牌成对可能性大的情况

成对的牌只有生牌和一熟牌两种可能，而且多是生牌，这样，我们根据明牌中各种牌出现的多少，就能比较准确地判断出各类牌成对的可能性大小了。

字牌的组牌能力最弱，在开局阶段，人们往往会优先考虑舍字牌。如果某种字牌一直没有出现，虽然也有可能他人并未拿成对子，比如有人把孤张字牌留在了手中，或一些字牌在牌墙中，但它成对的可能性很大，舍出这种字牌，它被碰的可能性是相当大的。一般来说，在开局的 7 巡内，如果某种字牌没有出现，那么，它成对的可能性会非常大。

幺九牌的组牌能力比字牌强一些，但相对来说也较弱，因此，在字牌被舍得差不多时，幺九牌就会被舍出。如果到了中局，某种幺九牌还没有出现，尤其是与其联络的二三、七八出现了多张时，那么，这种幺九牌成对的可能性会很大。

中张牌成对求碰时，常常有一个明显现象，那就是：其两侧的联络牌尤其是邻牌出现了很多，但这种中张牌却一张未现。如果出现了这种情况，那么，该中张牌成对的可能性会较大。

2. 相同情况下，联络能力越弱的牌，他人越容易求碰

当几种牌在明牌中都未出现时，联络能力越弱的牌，成

对的可能性越大。在海里和地上都未出现的牌，很可能被人用上了。但是，联络能力越弱的牌，被人用成对子的可能性相对越大，联络能力越强的牌，被人用成对子的可能性相对越小。被用上的牌，字牌只能形成对子和坎子；幺九牌既可形成对子和坎子，也可与两种联络牌形成搭子或顺子；中张牌既可形成对子和坎子，也可与三四种联络牌形成搭子或顺子，所以，未出现的牌中，联络能力越弱的牌，它们因为成对而被人用上的可能性相对越大，联络能力越强的牌，它们因为成对而被人用上的可能性相对越小。例如，北风、一万、六条三种牌在明牌中都未出现，如果它们都被人用上，北风只可能成对成坎；一万既有可能成对成坎，也有可能与二万或三万形成搭子，还有可能与二三万形成顺子；六条既有可能成对成坎，也有可能与四条、五条、七条或八条形成搭子，还有可能与四五条、五七条、七八条形成顺子，可见，当它们都被人用上时，北风成对的可能性最大，其次是一万，最后是六条。

当几种牌在他人手中都成对时，联络能力越弱的牌，他人求碰的欲望越强。成对的牌中，最终要形成模子的话，联络能力越弱的牌，形成顺子的可能性相对越小，因此，牌手越希望碰出甚至只能碰出；联络能力越强的牌，形成顺子的可能性相对越大，因此，牌手有时不希望碰出甚至不能碰出。字牌成对时，不可能在牌群中，只能碰出成模；数牌对子有可能在牌群中，如果在牌群中，虽然碰出它们有可能有利，但也有可能不利，而且，越是联络能力强的牌，碰出不利的可能性越大。例如，九饼与五万都成了对子，假设它们都已与联络牌形成了顺子，我们分析一下为什么有时碰五万反而不利。当它们所在的牌群为4张牌时，九饼只可能在七八九九饼1种牌群中；五万

第九章 控制技巧

有可能在三四五五万、四五五六万、五五六七万3种牌群中，当它们各自的牌群最终要形成两模牌时，七八九九饼的牌型，要碰九饼；三四五五万和五五六七万2种牌型，可以碰五万，但四五五六万1种牌型，一般情况下是不能碰五万的。当它们所在的牌群为5张时，九饼有可能在七八八九九饼、七七八九九饼、六七八九九饼3种牌群中；五万有可能在二三四五五万、三三四五五万、三四四五五万、三四五五六万、四四五五六万、四五五六六万、四五五六七万、五五六六七万、五五六七七万、五五六七八万10种牌群中，当它们各自的牌群最终要形成两模牌时，九饼所在的3种牌型，碰出九饼都有利；而五万所在的牌型中，二三四五五万、五五六七八万、三三四五万、五五六七七万4种牌型碰出五万有利，三四四五五万、五五六六七万2种牌型也可以碰五万，三四五五六万、四五五六七万、四四五五六万、四五五六六万4种牌型碰出五万不利。所以，当他人有九饼对子时，能碰时必定会碰；当有五万对子时，能碰时却不一定会碰。

总之，在明牌中未出现的牌中，联络能力越弱的牌，形成对子的可能性越大；已形成对子的牌，联络能力越弱的牌，他人求碰的欲望越强，也就是说，相同情况下，联络能力越弱的牌，他人越容易求碰。所以，如果判断不清他人的牌情，当在两张联络能力不同的牌之间选择取舍时，要舍联络能力强的牌，扣联络能力弱的牌。

3. 针对具体敌人时，要注意根据其早期的舍牌情况判断他求碰哪种数牌的可能性更大

如果某家在早期舍过一种数牌，往往说明这张数牌不是对搭组合中的一张牌，所以，重点防某位具体敌人求碰时，要观察他早期的舍牌情况，当在两种单牌或对子中选择舍出一张牌时，要注意舍离敌所舍之牌更近的牌，扣住离敌所舍之牌更远的牌。比如，庄家较早舍出过八饼，一般情况下，它不会是从对搭组合六六八饼、七七八饼或八九九饼中拆出来的，因此，舍离八饼最近的牌，庄家往往不会碰出。

实战中，牌手经常会遇到需要从相邻的两张生张筋线牌中舍出一张的情况，如果要防某家求碰出我舍出的牌，就要看他曾经舍出过哪种牌的联络牌尤其是邻牌。例如，要从三四五六条中拆一头舍出，当前重点要防庄家碰牌，应该舍三条还是六条？如果庄家舍出过二条或四条，那么，他碰三条的可能性很小，应该舍三条。因为，一般情况下，庄家不可能是从二三三条或三三四条中拆出二条或四条舍出的。同样的道理，如果庄家舍出过五条或七条，那么，他碰六条的可能性很小，应该舍六条。

（三）扣他人求杠的牌

扣他人求杠的牌与扣他人求碰的牌技巧基本一样，但由于杠牌必须有暗坎，因此，这里还有一个小技巧。

如果在两种牌之间选择舍牌，其中一种牌海内没有出现，自己手中只有1张，另一种牌或者海内已经出现，或者自己手中有2张以上，那么，就要舍后一种牌。因为后一种牌敌人手中不可能有3张，即敌不可能要杠；而前一种牌敌可能有3张，有要杠的可能。例如：

| 东 | 东 | 一万 | 二万 | 三万 | 七饼 | 八饼 | 三条 | 四条 | 五条 | 六条 | 六条 | 七条 | 八条 |

这手牌，必须在三六条之间选择舍一张，在同等情况下，应该舍六条，而不要舍三条。因为六条自己已有2张，他人不可能有暗坎，舍六条可以确保无人要牌开杠；而舍三条，就不能确保他人不会要牌开杠了。

第三节 不让强敌多机会——控制揭牌

打麻将时，揭牌的次数越多，一般对牌手越有利。为了减少或不增加所控制之敌揭牌的次数，牌手要学会并善于运用控制敌揭牌的技巧。运用控制敌揭牌的技巧，既可以控制我的下家，还能控制其他人的下家，即我的对家和上家。

需要注意的是，在打麻将时，由于各位牌手最后一次揭牌后的余牌数量有不同情况，因此，在少数情况下，控制敌揭牌的技巧即使运用成功，但也起不到控制敌揭牌次数的作用。这种情况在残局时，会十分明显。比如，你揭牌后，余牌仅剩3张，本来你的下家有1次揭牌机会，这时，你为了控制下家，舍出了对家或上家碰出可能性大的牌，但是，即使对家或上家碰出，当时使你的下家未揭上牌，但他后面仍有1次揭牌机会。这种情况下，虽然你成功地运用了控制敌揭牌的技巧，却没有减少下家揭牌的次数。再如，对家舍牌后，余牌仅剩4张，本来你的下家有1次揭牌机会，这时，你即使碰了对家舍出的牌，下家也还是只有1次揭牌机会。这种情况下，虽然你没有用控制敌揭牌的技巧，但也不会增加下家揭牌的次数。再如，你的下家舍出牌后，余牌仅剩2张，本来你的对家有1次揭牌机会，这时，你为了控制对家，碰了下家舍出的牌，但这样，你的对家仍然会有1次揭牌机会。这种情况下，虽然你成功地运用了控制敌揭牌的技巧，却没有减少对家揭牌的次数。

虽然在少数特殊情况下控制敌揭牌的技巧起不到控制揭牌次数的作用，但在余牌数量较多，而大家揭牌的顺序还可能会被要牌打乱，甚至还有可能因为杠牌而改变余牌数量时，牌手不能判定控制敌揭牌的技巧是否能起到作用，因此，一般情况下，该用控制敌揭牌的技巧时，牌手不能因为存在特殊情况而故意不用。只有在余牌数量极少，可以判定控制敌揭牌的技巧起不到控制敌揭牌次数的特殊情况下，牌手才可以不用控制敌揭牌的技巧。下面我们论述控制敌揭牌的技巧时，只说一般情况，不再专门提特殊情况。

一、不让自己的下家多揭牌

为了控制自己的下家，达到不让下家多揭牌的目的，可以采取两种手段。

（一）舍他人碰杠可能性大的牌，隔空下家，减少其揭牌次数

我舍出牌后，如果被对家或上家碰杠，那我的下家就失去了本该轮到他的揭牌机会，因此，重点防下家时，可以舍其他两家碰杠可能性大的牌。如果我舍出的牌真的被别人碰杠，就会隔空下家，减少其揭牌次数。牌场上有"庄前舍生字"的话，其道理就是：控制庄家时，为了减少庄家揭牌的次数，在庄家上家的旁家，要故意舍生张字牌，以提高上两

家碰出的概率。上两家碰出,就会隔空庄家,减少庄家揭牌的次数。

(二) 不碰杠下两家的牌,不给下家赶牌,不增加下家揭牌的次数

牌手碰杠后,舍出的牌如果无人要,就会轮到其下家揭牌,因此,一般情况下,碰杠牌会增加下家揭牌的次数。

如果自己的下家是必须严格控制的对手,为了不增加下家揭牌的次数,当自己能够碰杠下两家的牌时,牌手故意不碰杠,不给下家赶牌,不增加下家揭牌的次数。

二、不让别人的下家多揭牌

如果需要控制的敌人不是下家,而是对家或上家,即不是我的下家,而是别人的下家,那么,牌手可以通过碰杠牌的手段,隔空舍牌人的下家,减少其揭牌次数。比如,我的对家是必须严格控制的对手,当我的下家舍出牌后,本该轮其下家,即我的对家揭牌,这时我故意碰杠,就会减少我的对家的揭牌次数。

需要注意的是,碰牌时,不但碰我对家的牌可以直接隔空我的上家,碰我下家的牌可以直接隔空我的对家,而且,碰我下家的牌还能间接隔空我的上家。碰我下家的牌后,看似只直接隔空了我的对家,其实,我的上家也会减少揭牌次数,所以,碰我下家的牌,也能在一定程度上起到隔空我上家的作用,能减少我上家揭牌的次数。

如果需要控制的敌人是我的上家，有时，当上家舍出生张字牌甚至幺九时，还可以先弃碰，专门等下两家舍出再碰。上家舍出我的碰牌后，如果我碰出，上家就不会因我碰牌而被隔空；如果我弃碰上家舍出的牌，等下两家尤其是对家舍出时我再碰，就会隔空上家。

另外，如果需要控制人是我的上家，那么，我还可以通过不舍生牌的办法在一定程度上不增加上家的揭牌次数。我不舍生牌，能够在一定程度上减少对家和下家碰牌的次数，对家和下家不碰牌，上家就不能增加揭牌次数。但须注意，这一技巧起的作用很微弱。一是，牌手不舍生牌时，常常主要考虑的是为了控制碰牌的人得利，这其中就包括防上家碰牌，因此，扣住生牌以不增加上家揭牌次数仅仅只是扣牌的次要目的。二是，我不先舍生牌，如果上家先舍，当我的下两家有人碰出时，反而会增加上家的揭牌次数。所以，这一技巧的作用很微弱。

后 记

打麻将是一门趣味性和技巧性都很强的大众游戏，玩这种游戏既是娱乐，又能益智，还可交际。多年以来，我一直很喜欢打麻将。写成并出版一本打麻将技巧的著作，是我的一个心愿。

通过阅读这本书，大家可能会在一定程度上提高玩打麻将游戏的水平，但是，打麻将看似比较简单，其实极其复杂，需要用到非常全面而又十分高深的技巧，想精通并不容易。

要切实提高打麻将的水平，我觉得，牌手应该在以下几个方面多多努力。第一，要系统学习。麻将牌组合种类的数量非常庞大，打牌过程中出现的情况千变万化，影响牌情的因素既非常多又十分不确定，因此，只有系统学习，才能对打麻将有一个全面的认识，充分掌握各种基本知识和高深技巧。第二，要深入思考。打麻将是一门科学，有自己的规律和特点，因此，只有深入思考，才能透彻理解有关牌理，学会高明的战略战术和技术。第三，要经常练习。打麻将时，影响牌情的因素十分广泛，牌手需要考虑到方方面面的问题，但在行牌过程中，每次决策的时间很有限，因此，只有经常练习，才能提高应付各种情况的反应速度，增强在实战中运用各种技巧的能力。第四，要不断总结。总结经验教训能够加深印象，举一反三，因此，只有不断总结，才能深刻懂得各种打法的得失利弊，真正领悟到打麻将的奥妙所在。

玩打麻将游戏，常常会发生三种不良现象。一是，借打麻将进行赌博。打麻将游戏具有显著的博弈性特点，因此，一些人常常借打麻将进行赌博。借打麻将赌博的人中，有不少人输了很多钱甚至输得倾家荡产，有的还因此导致家破人亡；更有甚者，少数人为了赢钱会在玩牌时作弊，有的还因此卷入了纠纷甚至带来了人身安全问题。二是，过分计较输赢，甚至因为输牌而生气。打麻将过程中，许多影响牌情的因素都是不可控制的，运气不好时，牌手单凭技巧往往很难遏止住输牌，甚至常常会出现自己的好牌打不过别人的差牌的情况，有的人没有良好的心态，往往会过分计较输赢，甚至因为输牌而生气。如果是在进行赌博，发生这种不良现象的频率和程度还会更高。输牌时，无论是自己怄气，还是向别人发脾气，都会使牌场本该应有的轻松气氛变得十分沉重。三是，没有时间节制。打麻将非常有趣，玩它容易上瘾，有的人自制力不强，会沉湎于其中，不能自拔。如果借打麻将进行赌博，再加上有的牌手过分计较输赢，还会使这种不良现象更加严重。一次打麻将的时间较长时，牌手的思想往往难以集中，有时甚至会使打牌变成简单的机械运动，完全失去趣味，毫无快乐可言，那样不但起不到调节生活、愉悦身心的目的，而且还会因为打麻将而过于劳累。长期控制不住打麻将的时间，没有节制甚至不分昼夜地打麻将，必然浪费大量时间，影响正常的学习、工作、生活，而且，还会因为总是静坐不动和过度劳身伤神而影响身心健康。

打麻将本来是一种快乐的游戏，如果发生以上三种不良现象，就不但会使打麻将失去游戏的本来意义，使打牌的乐趣丧失殆尽，甚至还会把打麻将变成一件痛苦的事情，而且，还会对个人、家庭、社会带来许多危害甚至严重的危害。因此，克服打麻将游戏的弊端，消除它可能带给人们的负面影响，这是喜欢玩打麻将游戏的人们必须注意的问题。我主张：

后 记

我们要以娱乐为目的，在不赌博的前提下轻松愉快地打麻将；我们要抱着平淡的心态，在不损害身心健康的前提下适当有度地打麻将；我们要在休闲的时候，在不影响正常学习、工作、生活的前提下闲情逸致地打麻将。

愿心情愉快的您在愉快心情的打麻将游戏中愉快心情、心情愉快！

图书在版编目（CIP）数据

纵横牌坛显风流：打麻将超绝技巧 / 石巅著. -北京：人民体育出版社，2012（2018.1重印）
ISBN 978-7-5009-4238-2

Ⅰ.①纵… Ⅱ.①石… Ⅲ.①麻将—基本知识
Ⅳ.①G892

中国版本图书馆CIP数据核字(2012)第061554号

*

人民体育出版社出版发行
三河兴达印务有限公司印刷
新 华 书 店 经 销

*

850×1168　32开本　9印张　200千字
2012年6月第1版　　2018年1月第4次印刷
印数：9,501—11,000册

*

ISBN 978-7-5009-4238-2
定价：25.00元

社址：北京市东城区体育馆路8号（天坛公园东门）
电话：67151482（发行部）　　邮编：100061
传真：67151483　　　　　　　邮购：67118491
网址：www.psphpress.com
（购买本社图书，如遇有缺损页可与邮购部联系）